SHODENSHA
SHINSHO

自民党の変質

佐藤 優
山口二郎

JN230751

祥伝社新書

はじめに――対談から生まれた独自の分析と予測

佐藤　優

現下日本の混沌とした政治状況を分析し、未来を予測するうえで、本書は独自の位置を占めることになると思う。

共著者の山口二郎氏（法政大学法学部教授）は、現代日本政治研究（加えて現代英国政治研究）の第一人者だ。学術活動にとどまらず、山口氏は政治の現場におけるプレイヤーでもある。特に、民主党政権（二〇〇九～二〇一二年）が成立する過程において、その理論と実践に重要な役割を果たしたのが山口氏だ。

さらに二〇一七年に立憲民主党が創設された際にも、山口氏が無視できない影響と役割（特に、立憲をスローガンに掲げる政党が緊急避難的に必要であるとする理論の構築）を果たした。政治的実践にかかわる学者は山口氏だけではない。しかし、山口氏は過去のみずからの政治的活動を反省し、それをテキストにするという誠実さを併せ持っている。こういう知識人はきわめて稀《まれ》だ。

本書を手にされた読者に、山口氏の『民主主義へのオデッセイ――私の同時代政治史』（岩波書店）を読むことを勧《すす》める。過去三〇年の日本政治に関する記録と分析についての優れた作品だ。同時にこの本は、ローマ帝国時代の司教アウグスティヌスの『告白』を想起させる、信仰告白的自叙伝でもある。おそらく、山口氏の内面には超越的な「何か」がある。超越的な視座から、山口氏は、現実の政治とみずからの学術的・政治的作業を相対化することができる。これが、私が山口氏に惹《ひ》かれる理由のひとつだ。

山口氏と私の現実政治に対する姿勢はかなり異なる。山口氏が民主党政権の成立のために尽力したことからも明らかなように、旧態依然とした自民党政権が続くことは日本国民にとって好ましくないと考え、政権交代を目標としている。また一時期は日本共産党を含む野党共闘による政権交代が適切と考え、市民連合を結成し、その調整役を担《にな》ったこともある。

対して私は、政権交代に関して、あまり関心がない。自民党政権であれ、民主党政権であれ、時の政権については与件と見なし、そのなかで、日本国家と日本国民にとって最適の方策を考えるというアプローチを採る。国会議員の友人や知りあいも多いが、私の関心は立法府よりも行政府、特にその中心である首相官邸に向けられている。私が元外交官で情報（インテリジェンス）業務に従事していたことにも関係するが、この国が生き残るためには、権力中枢にある国家安全保障局と内閣情報調査室の役割が決定的に重要と考えているからだ。

この二つの機関の長には、常に日本の「ベスト・アンド・ブライテスト（最良の、もっとも聡明な人）」が就《つ》く。現在の秋葉剛男《あきばたけお》国家安全保障局長、原和也《はらかずや》内閣情報官はまさにそのような人物だ。米国、英国、中国、ロシア、インテリジェンスに関してはそれにイスラエルを加えても、日本の国家安全保障とインテリジェンスの水準はまったく遜色がない。優秀で士気が高い官邸官僚たちが職業的良心に従って日本国家と日本国民のために働くことができるような環境を整えることが、かつてわが国の外交とインテリジェンスに従事した経験を持つ作家としての私の仕事と考えている。

私は他の有識者と比べ、内政上の混乱を恐れる傾向がある。それは、私が外交官時代にソ連崩壊と、その後のロシア政治の混乱を経験したことと関係している。その傾向は、ロシア・ウクライナ戦争、ガザ紛争という現実に直面して、いっそう強まった。

また、私が外務省では傍流のインテリジェンス業務に従事することが長かったことも関係しているが、情報官僚特有の日本共産党観がある。この共産党観は警備公安警察や公安調査庁の情報官僚にも共通している。私の個人的経験からしても、二〇〇二年の鈴木宗男《すずきむねお》疑惑の際に秘密指定が解除されていない外交公電（外務省が公務で用いる電報）。この情報漏洩は刑事責任を追及するに値《あたい》する）、さらに私が保管していたとする鈴木氏とロシア要人の記録（しかも改竄《かいざん》されている）なる怪文書も用いて、日本共産党が鈴木氏を攻撃した。このことからも明らかなように、あの革命政党は、目的のためならばいかなる手段でも用いる。そういう政党は絶対に権力に近寄らせてはいけないと私は考えている。

このように政治的スタンスに大きな違いがあるにもかかわらず、私と山口氏は誠実に対話をすることができる。それには対話の技法がある。具体的には、事実、認識、評価を区別して議論することだ。事実については、二人の間で正確を期して、認識や評価が異なるのはなぜかについて議論する。この方法はとても生産的だ。

政治を分析するうえで難しいのはどのようなスパンを取るかだ。短期（一年以内）であると、自民党の裏金事件と派閥解消、総裁選挙、あるいは東京都知事選挙における「石丸《いしまる》

（伸二《しんじ》）現象」などがテーマになる。これらの情報を大量に持っているのは、新聞・雑誌・テレビの記者、あるいは永田町《ながたちょう》（政界）のロビイストだ。しかし、そのような情報をいくら積み重ねても、政治を動かす内在的論理をつかむことはできない。政局ウォッチのような「ミクロの決死隊」的なアプローチから一定の距離を置くことが、政治分析にとっては不可欠だ。長期的（一〇年以上）視点からすると、現下の情勢は、グローバリゼーションと新自由主義に歯止めがかかり、国家機能が強化され、新・帝国主義に向かう転換点ということだ。私と山口氏は、短期と長期の間の中期（二〜一〇年）を念頭に置きながら、この対談を行なった。

本書を上梓するにあたっては祥伝社の飯島英雄氏、ライターの岡部康彦氏に大変にお世話になりました。どうもありがとうございます。

二〇二四年七月一九日、曙橋（東京都新宿区）の書庫にて

目次

第二章

もはや保守政党ではない

第三章　岸田政権が壊したもの

第四章 自民党の本質

第五章　自民党の息の根を止める政党

第六章 激変する国際情勢のなかで

注記　引用に際しては旧字・旧かなづかいを現行に改め、適宜ふりがなを加除し、漢数字で統一した。また、改行は省略した。（　）は原文ママ、〔　〕は引用者の補完を示している。

編集協力／岡部康彦　**DTP**／キャップス

第一章

日本政府のトランプ対策

〝もしトラ〟から〝確トラ〟へ――佐藤

自由民主党（以下、自民党）の質的変化について論じ合う前に、国際情勢の変化から始めましょう。アメリカの大統領選挙（二〇二四年一一月五日投開票）が近づくにつれ、日本では〝もしトラ〟なるワードが飛び交《か》うようになりました。すなわち「もしもドナルド・トランプ前大統領が再選され、第四七代アメリカ大統領になったら、日本の内政および世界にどのような影響を与えるのか。日本はどうすべきか」ということです。

ところが〝もしトラ〟は、〝ほぼトラ（ほぼトランプ）〟から〝確トラ（確実にトランプ）〟へと激しい変化を見せました。共和党の党員集会や予備選でトランプの優勢が伝えられ、対する現職大統領（民主党）のジョー・バイデンがトランプとのテレビ討論会（二〇二四年六月二七日）で声が嗄《か》れるなど精彩を欠いたからです。自民党の茂木敏充《もてぎとしみつ》幹事長は講演会（七月二〇日）で、「確たる結果は今の段階で言えないが、現状は〝ほぼトラ〟から〝確トラ〟に近くなってきている」と述べました。

さらにアメリカ国内では、銃撃（七月一三日）されたトランプが星条旗をバックに右手を掲《かか》げる英雄的な写真が〝確トラ〟を後押しし、民主党内にもバイデンに対して大統領選からの撤退を求める声が噴出。結局、バイデンは自身のX（旧・ツイッター）で撤退を表明し、後任の大統領候補としてカマラ・ハリス副大統領を支持しました（七月二一日）。現職の大統領が再選への出馬を断念するのは、一九六八年のリンドン・ジョンソン（第三六代大統領）以来、五六年ぶりのことです。アメリカのリベラル派は、ハリスがこれから急速に力をつけて大統領に当選する可能性が十分にあると言いますが、私は希望的観測にすぎないと認識しています。

私は、トランプという存在を時代を語るうえでの「現象」として重視しています。仮にトランプが再選されなくても、彼を意識せずにアメリカの政治、ひいてはこれからの国際政治を読むことはできないからです。トランプを戯画化してはなりません。

では、日本政府は今後の日米外交をどう想定し、対処しようとしているのか。

結論から言えば、〝確トラ〟を意識しつつ、ハリス当選にも備える両睨《りようにら》みです。私は、岸田文雄《きしだふみお》首相の、国連総会での一般討論演説（二〇二三年九月一九日）に着目しました。

世界は、気候変動、感染症、法の支配への挑戦など、複雑で複合的な課題に直面しています。各国の協力が、かつてなく重要となっている今、イデオロギーや価値観で国際社会が分断されていては、これらの課題に対応できません。我々は、人間の命、尊厳が最も重要であるとの原点に立ち返るべきです。我々が目指すべきは、脆弱《ぜいじやく》な人々も安全・安心に住める世界、すなわち、人間の尊厳が守られる世界なのです。国際社会が複合的危機に直面し、その中で分断を深める今、人類全体で語れる共通の言葉が必要です。人間の尊厳に改めて光を当てることによって、国際社会が体制や価値観の違いを乗り越えて、人間中心の国際協力を着実に進めていけるのではないでしょうか。

（首相官邸ホームページ二〇二三年九月一九日）

岸田さんは、演説全体において「民主主義」という言葉を一度も使っていません。代わりに発したのは「人間の命、尊厳」です。G7（日本、アメリカ、イギリス、ドイツ、フランス、イタリア、カナダ）の首脳で、国連演説の場で「民主主義」を使わなかったのは日本だけです。

アメリカは、自由、民主主義、人権、市場経済を普遍的な価値観として世界規模に拡大する「価値観外交」を展開しています。ロシア・ウクライナ戦争におけるアメリカの外交も、その延長線上に位置づけられるものです。日本も民主主義陣営のウクライナを支援し、権威主義（政治権力が少数もしくは一人に集中する体制）的なロシアと対決する姿勢を取りました。いっぽう、岸田さんは「イデオロギーや価値観で国際社会が分断されていては、これらの課題に対応できません」と明言しました。これは価値観外交からの決別宣言に等しいものです。

私は、以上のような趣旨の文章を地方紙に寄稿しました。すると、それを読んだ首相官邸の幹部から電話があり、「佐藤さん、外務省からブリーフィング（説明）を受けましたか」と聞かれました。つまり、価値観外交をやめるという日本の外交方針の転換について、外務省に事情説明をされたのかと尋ねてきたわけです。私が「ブリーフィングなど受けていませんよ」と答えたところ、その幹部はこう言いました。「よく気づきましたね」と。

話を聞いてみると、官邸で幹部たちと岸田さんが膝《ひざ》を突き合わせて議論した時に、価値観外交からの転換という共通認識に至ったということです。なぜなら、民主主義や人権といったアメリカ型の価値観を前面に押し出すと、その価値観を共有していないグローバル・サウス（主に南半球に位置する新興国、途上国。インド、インドネシア、タイ、ブラジル、ペルー、南アフリカなど）を日本が失うからです。

議論のなかで、ある幹部は「トランプが大統領に返り咲くかもしれないですから」とも発言したそうです。トランプの外交は、アメリカに関係のない国には手を出さない「棲《す》み分《わ》け」が基本なので、価値観外交のままでは対処できないからです。そんな議論の結果が、岸田さんの国連演説に繋《つな》がっています。

もしトランプが大統領になれば、ロシア・ウクライナ戦争を「バイデンの戦争」ということにして、アメリカはウクライナから手を引くでしょう。すると、日本がロシア・ウクライナ戦争にコミットすればするほど、以後の日米関係が難しくなる。だから両睨みで、〝確トラ〟後の空白と再編を視野に入れて岸田政権は動いているのです。

防衛費増額の圧力――山口

私はトランプが大統領に復帰した場合、日本の外交面における最大の課題は安全保障への対応だと考えています。

「防衛費を増加しろ」という圧力にどう対処するか。次に、日本はその増額要求に耐えられるか。そして、トランプに面従腹背《めんじゅうふくはい》で四年間をやり過ごすシナリオを描けるのか。

トランプがNATO《ナトー》（北大西洋条約機構）について、「カネを払わない国がロシアに攻められても助けてやらない」と発言したと伝えるBBCの報道がありました（二〇二四年二月一一日）。前回の大統領在任中（二〇一七年一月二〇日〜二〇二一年一月二〇日）、「十分な軍事費を負担しないNATOの加盟国に対しては、ロシアからの攻撃を受けたとしても防衛せず、むしろロシアに攻撃を促《うなが》す」と発言したことを、トランプ自身が明らかにしたというニュースです。発言の日時や場所、相手などは詳《つまび》らかになっていません。

報道から四日後、サウスカロライナ州で開かれた選挙集会で、トランプ自身が在任中の発言をあらためて強調するかのように、「NATO各国は軍事費を十分に負担していない。彼らが払わないのであれば、アメリカは防衛しない」と明言しました。つまり「助けてほしければカネを払え」という彼の論理は変わっていない。この論理を、日本にも適用することは容易に推測できます。そのため私は、防衛費増加の圧力にどう対処するかを日本の課題としたのです。

すでに岸田政権は、安全保障関連三文書（防衛三文書。「国家安全保障戦略」「国家防衛戦略」「防衛力整備計画」）を改定し、二〇二三年度から五年間で総額四三兆円の防衛費を計上することを閣議決定しています（二〇二二年一二月一六日）。また「防衛装備移転三原則」も改定して、PAC-3《パックスリー》（地対空誘導弾ペトリオット）をアメリカへ輸出することも決めました（二〇二三年一二月二二日）。それまではライセンス生産した部品に限定されていたのが、この改定で完成した兵器も送ることができるようになったのです。もうスイッチが入ってしまっています。

予測不能の事態が起きる――佐藤

防衛費にかぎらず、予算とは、公共事業で言う「箇所《かしょ》づけ」があってはじめて成立し、執行されるべきものです。個別の事業に具体的な数字を配分するのが箇所づけですが、総額四三兆円という防衛費には、この箇所づけがありません。

日本にどのような脅威が迫っていて、その脅威に対して必要な装備品は何か。どれほどの人員が必要か。いくらかかるのか――こうした箇所づけなくして、最初に四三兆円ありきというのは、めちゃくちゃな話です。

そもそも防衛装備品は、値段があってないようなものです。たとえばロッキード・マーティン社製のステルス戦闘機F‐35Aは、当初の計画で一機一五〇億円だった日本への引き渡し価格が、現段階ではその二倍を超えているそうです。

山口さんが指摘された日本の課題の一点目「防衛費増加の圧力にどう対処するか」に関して言えば、その処方箋を用意したり予測できたりする人は、嘘つきか、情勢がわかっていないかのどちらかです。ましてトランプが次の大統領になると、予測不能の事態が出《しゅっ》来《たい》するでしょう。

たとえばトランプの頭のなかだけにある、まったく積算《せきさん》根拠のない〝丸めた〟数字を日本に要求してくるかもしれません。「あと一〇〇兆円負担しろ」というように。また、NATO諸国への発言で明らかなように、「一〇〇兆円が受け入れられなければ、アメリカは引く。われわれは日本の傭兵ではない」と乱暴なことも言い出しかねない。トランプが何を出してくるのか、あらゆる可能性について考えておく必要があります。

だから課題の二点目「増額要求に耐えられるか」については予測できませんし、三点目の「面従腹背で四年間をやり過ごすシナリオ」は描けないと思います。

国会の機能不全――山口

五年間で四三兆円とした閣議決定は、かつて五年ごとに策定した「中期防《ちゅうきぼう》（中期防衛力整備計画）」ですよね。この中期防は二〇二二年に、名称が変更されました。それが前述した、安全保障関連三文書のひとつである「防衛力整備計画」です。同時に今回の四三兆円が決まったわけですが、その前の中期防（三一中期防。二〇一九年度～二〇二三年度）で計上した防衛費の一・五倍になっています。なお、三一中期防は廃止されました。

日本政府は防衛力と防衛費について、次のように述べています。

五年後の二〇二七年度までに、我が国への侵攻が生起《せいき》する場合には、我が国が主たる責任をもって対処し、同盟国等の支援を受けつつ、これを阻止・排除できるように防衛力を強化する。さらに、おおむね一〇年後までに、この防衛目標をより確実にするため更《さら》なる努力を行い、より早期かつ遠方で侵攻を阻止・排除できるように防衛力を強化する。

（防衛省「国家防衛戦略」）

二〇二三年度から二〇二七年度までの五年間における本計画の実施に必要な防衛力整備の水準に係《かか》る金額は、四三兆円程度とする。

（防衛省「防衛力整備計画」）

問題は、四三兆円という巨額の防衛費が閣議で決定されたことです。閣議決定とはあくまで政府の方針であり、予算案などは国会の審議を経《へ》なければ成立しません。ただし、自民党・公明党の連立与党が過半数を占める今の国会では、閣議決定がそのまま国家の意思となります。閣議決定を乱発するのは「財政民主主義」に悖《もと》る行為です。

財政民主主義とは、国家の財政（徴税、公債発行、歳出などすべての経済活動）には議会の議決を必要とするという考え方です。日本では憲法第八三条「国の財政を処理する権限は、国会の議決に基《もとづ》いて、これを行使しなければならない」が、その根拠とされます。

議会政治は、かつてヨーロッパで国王が戦争をするために増税し、それに対する市民の反発から始まりました。貴族たちが「会議で王権を制限する」とした、イングランド王国のマグナ・カルタ（大憲章）が発布されたのは一二一五年です。

そうした歴史を考えても、防衛費をどうコントロールするかは国家の根本的な問題です。それが今の日本の国会で機能していない。佐藤さんの言われる「箇所づけのない予算」を前提に、防衛政策が展開していくことになります。

ところで、話を〝確トラ〟に戻しますが、トランプが「棲み分け外交」で他国へのコミットメントを低下させていくとなると、世界秩序が相当、動揺するでしょうね。

弱体化するアメリカ——佐藤

すでに、世界的に大きな変化が生じています。

変化の背景にあるのはアメリカの弱体化です。譬《たと》えて言うなら、勢力を誇っていた広域暴力団のシマ（縄張《なわば》り）が狭くなってきた。すると直参《じきさん》の組（傘下一次団体）から徴収する上納金が二倍に増え、本部当番《ほんぶとうばん》（上部組織での雑務などをさせること）の拘束日数も増えた――そんな状況が、アメリカの直参である日本とドイツに起きているのです。

これを、日本の無邪気な保守派は「日米同盟が強化された」と喜んでいますが、そうではない。その点、岸田さんは外交をよくわかっていると思います。

ウクライナへの支援など、西側諸国と連携する場合は前述の価値観外交を展開します。いっぽう、中東の産油国を含めたグローバル・サウスに対しては、自由、民主主義などの価値観を強調せずに実利を追求し、相手国の文化、伝統、宗教に敬意を払う。こうして価値観の共有と決別を使い分ける、言わばハイブリッドな外交です。このことを岸田さんは「人間の尊厳」というキーワードで表現したのでしょう。

岸田さんは二〇二四年四月八日から一四日まで訪米しました。バイデンとの首脳会談後、共同記者会見で彼は「今こそ日米両国が、グローバルなパートナーとして真価を発揮すべき時だ。人間の尊厳が守られる世界を作る責任をともに果たそう、と（バイデンに）伝えた」と、ここでも「人間の尊厳」を謳《うた》っています。

今回、岸田さんは国賓《こくひん》待遇でアメリカに招かれました。国賓待遇という最大級の格式での訪米は安倍晋三《あべしんぞう》元首相以来、九年ぶりですが（当時のアメリカ大統領はバラク・オバマ）、山口さんが言われた「ペトリオット」の対米輸出を決めたことへの返礼、つまりバーターであることは火を見るより明らかです。

これでバイデン政権とのおつきあいは、ひとまず〝打ち止め〟です。

トランプ復帰で、世界は安定する――佐藤

私はトランプが復帰した場合、国際情勢は短期的には安定すると見ています。アメリカはウクライナから引くでしょうし、北朝鮮との関係も安定化に向かうでしょう。

トランプには単純な方程式があります。それは「脅威＝意志×能力」です。まず「能力」として、北朝鮮は北米大陸に到達可能なＩＣＢＭ（大陸間弾道ミサイル）開発の最終段階に至っており、それに搭載する核兵器の小型化にも成功しかけています。では、核爆弾を搭載したＩＣＢＭを〝外科手術〟で除去するのに、どれだけのコストがかかるのか。これをトランプは考えます。

バンカーバスター（地中貫通型爆弾）だけで核開発の拠点や発射装置をすべて破壊するのは困難なので、地上戦に踏み込まねばならない。すると、派兵されたアメリカの若者た

ちが血を流す。しかもそんなことをしたら、今後の東アジアでビジネスができなくなるだろう――こうした政治的リスクを考えると、武力で北朝鮮の核を除去することはしたくない。

そこで、トランプは「俺は、脅威をなくす方法を思いついた」となります。それは北朝鮮の「意志」を極小にすること、つまり金正恩《キムジョンウン》と友だちになることです。日本流に言うなら「戦略的互恵関係」です。トランプは前政権時代、金正恩と三回にわたり会談しています（二〇一八年六月、シンガポール。二〇一九年二月、ベトナム・ハノイ。二〇一九年六月、朝鮮半島・板門店《はんもんてん》）。

私はトランプの「脅威＝意志×能力」という単純な方程式は、現実的で正しいと思います。たとえばアメリカは、かつて日本に原爆を落とした国です。そして今やアメリカは、日本を完全に破壊しつくすだけの核兵器を持っています。ところが、日本はアメリカを脅威と感じていません。なぜなら、現在のアメリカにその意志がないからです。その意味で今、ロシアや中国の意志はどうなのかをトランプは探ります。そのうえで外交の要素、すなわち相手国の「意志」の部分で問題を解決していこうとする。このトランプの考え方は、私は基本的に正しいと思うのです。

トランプは「アメリカをふたたび偉大な国に（Make America Great Again）」と言いつつ、退却戦を主張しています。ヨーロッパからも中東からも引くでしょう。ただしイスラエルだけは例外です。トランプの娘イヴァンカは、ユダヤ人の夫ジャレッド・クシュナーと結婚するにあたりユダヤ教に改宗し、二人の間に生まれた子ども三人を含め、トランプの孫（一〇人）は全員がユダヤ教徒です。

おそらく、トランプにはユダヤ人国家であるイスラエルに特別な思いがあります。実際、前政権時代にはエルサレムをイスラエルの首都と認定し、テルアビブにあったアメリカ大使館をエルサレムに移しました（二〇一八年五月）。他国ではありえない政治決断です。またゴラン高原の主権もイスラエルにあると認める発言をしていますし（二〇一九年三月）、さらにトランプが仲介して、「アブラハム合意」が結ばれました（二〇二〇年八月）。イスラエルとＵＡＥ（アラブ首長国連邦）、バーレーンなどとの国交正常化です。

そんなイスラエルを除き、トランプの外交は調整プロセスに入っていくでしょう。中国に対してもそうです。

「再選したら中国からの輸入品に六〇％の関税を課すことを検討している」とトランプが言ったという報道もありましたが（「ワシントン・ポスト電子版」二〇二四年一月二七日）、ここでトランプが考えているのは貿易収支よりもアメリカでの雇用獲得だと思います。安い中国製品に関税をかけることで、アメリカの製造業を復活させ、雇用を獲得しようとしているのだと思います。ですから、雇用についてのディールが中国とできれば、いっぽうで軍事的な緊張を弱める方向になります。

国際政治は古典物理学における「平衡《へいこう》」すなわち勢力均衡論で動いています。ニュートン力学の世界であって、アインシュタインの相対性理論やハイゼンベルグの量子力学ではない。となると、アメリカが引くことで勢力上の空白が生じ、世界各地で線の引き直しが始まるでしょう。

そして二期目のトランプ政権では、ある種のシステム化が起きると思います。前回のスティーブン・バノン（トランプ政権時代初期の大統領上級顧問・首席戦略官）など側近だけで周囲を固めるのではなく、トランプ自身がシステムとして残ることを前提に、官僚群やエリート層が政権中枢を構成する。トランプの属人《ぞくじん》的な要素は後退して、システムとしてアメリカは生き残ろうとするのです。

やはりトランプは、今のアメリカの現実を体現しています。一人の「狂人」が現れて世界を混乱させていると見るべきではありません。「トランプ現象」がなかなか理解されないのは、新しい時代を切り開いているからだと思います。ヘーゲルが言うように、ミネルヴァの梟《ふくろう》は夕闇にならないと飛び立ちません（ドイツの哲学者G・W・ヘーゲルの著書『法の哲学』の序文にある言葉。知恵の化身であるミネルヴァの梟は、歴史が完成期に至った時、人間に真実を教えるために飛び立つ）。

今は夕闇どころか、まだ夜明けぐらいですが、パラダイムの転換が起きているのだと思います。大きく見れば、世界の「再帝国主義化」です。トランプ現象は、天動説が主流だった時の地動説のように異常科学と見られていますが、もしかしたら一〇年後には、ごく普通の現象になっているかもしれないのです。

トランプ復帰後のシミュレーションはこれくらいにしましょう。日本が対峙すべき国際情勢については、第六章であらためて触れたいと思います。次章からは、本題である自民党の変質に視点を移します。

第二章

もはや保守政党ではない

裏金問題は「巨悪」にあらず——山口

二〇二三年一一月、自民党の「裏金《うらがね》問題」が明るみになりました。派閥の政治資金パーティで、パーティ券収入を政治資金収支報告書に過少もしくは不記載。さらにパーティ券の販売ノルマを超えた分を、裏金として議員にキックバックしていたという問題です。

そもそもは日本共産党（以下、共産党）の機関紙・しんぶん赤旗（二〇二二年一一月六日）が「パー券収入脱法的隠ぺい／二五〇〇万円分不記載／岸田派など主要五派閥」と題する記事を掲載したのですが、これをきっかけに上脇博之《かみわきひろし》さん（神戸学院大学教授）が東京地検に告発状を提出。地検特捜部が派閥の会計担当者に事情聴取を始めたことから、読売新聞やＮＨＫなどが報じて、一気に拡大していきました。

その後の推移は周知のとおりですから、簡単に確認しましょう。報道および野党からの追及を受けた結果、自民党の六派閥のうち、麻生《あそう》（太郎《たろう》）派（志公会《しこうかい》）を除く五つ、すなわち岸田派（宏池政策研究会《こうちせいさくけんきゅうかい》。以下、宏池会）、安倍派（清和政策研究会《せいわせいさくけんきゅうかい》。以下、清和会）、二階《にかい》（俊博《としひろ》）派（志帥会《しすいかい》）、茂木派（平成研究会《へいせいけんきゅうかい》。以下、平成研）、森山《もりやま》（裕《ひろし》）派（近《きん》未来政《みらいせい》治研究会《じけんきゅうかい》）は解散を決めました。

人事面では、安倍派の松野博一《まつのひろかず》官房長官、西村康稔《にしむらやすとし》経済産業大臣、鈴木淳司《すずきじゅんじ》総務大臣、宮下一郎《みやしたいちろう》農林水産大臣の閣僚四人が更迭《こうてつ》されたのをはじめ、萩生田光一《はぎうだこういち》政務調査会長、高木毅《たかぎつよし》国会対策委員長、世耕弘成《せこうひろしげ》参議院幹事長が党の役職を解任されました。松野さんと西村さん、萩生田さん、高木さん、世耕さんはいわゆる「安倍派五人衆」です。

しかも世耕さんと安倍派の座長・塩谷立《しおのやりゅう》さんは党紀委員会で離党勧告を受け、その後、自民党を離党しています。この党紀委員会では役職停止、党員資格停止、戒告《かいこく》などで計三九人の議員が処分を受けています。さらに政治資金規正法違反容疑で逮捕された池田《いけだ》佳隆《よしたか》元文部科学副大臣兼内閣府副大臣は党から除名、同容疑で略式起訴された谷川弥一《たにがわやいち》総務副会長は離党後、議員辞職しています。

これらから、岸田内閣の支持率は二三％に落ち込みました（二〇二四年四月のNHK世論調査。七月は二五％）。時事通信の世論調査に至っては、実に一六・六％です（二〇二四年四月）。こうして見ると大スキャンダルです。しかし、政治とカネをめぐるルールの改革が定着したことの表れでもあり、私にはおよそ「巨悪」とは映《うつ》らないのです。

もちろん、政治資金収支報告書への不記載や虚偽記載は犯罪ですから、是認することはできません。ただし誤解を恐れずに言えば、政治倫理上の大きな問題というほどではない。せせこましいと言うか、〝ジョボい〟事案に思えます。かつてのロッキード事件（一九七六年）やリクルート事件（一九八八年）、ゼネコン汚職事件（一九九三年）のようなスケール感がまるでありません。

政治家は政治活動にあたり、足のつかない（入出金、授受、使途などの記録が残らない）「ソフトマネー」を必要とします。それが現実です。たとえば政府なら、官房機密費（内閣官房報償費）は、支出の明細を求められません。いっぽうで、政治家個々人はなかなかソフトマネーを手にすることができない。そんな背景から、政治資金パーティ券の販売ノルマ超過分を政治家にキックバックすることで、裏金というソフトマネーをつくったのでしょう。

この二〇～三〇年で、日本の社会にも「透明性」や「コンプライアンス」といった法的・倫理的な基準が浸透してきました。コンプライアンス（compliance）は「法令遵守」と訳され、一九六〇年代に企業犯罪が多発したアメリカで使われたのが始まりと言われますが、今では法令のみならず「社会の決まりに背《そむ》かない」という広い概念で用いられます。

民間企業はグローバルな競争もありますから、コンプライアンスの徹底が進みました。株主総会に乗り込んで不当な利益を得る総会屋のような事件は一九九〇年代以降、会社法の改正などの結果、激減しています。しかし、政治の世界では競争の原理が働きません。そのため、政治資金規正法の建前《たてまえ》と本音《ほんね》のズレが温存されてきたわけです。その二重構造が、裏金問題でようやく露見したという印象です。

二〇二四年六月一九日、改正政治資金規正法が成立しました。政治家個人が政策活動費の収支を透明化する方向での改正です。これで、長年の悪弊が洗い流されることを望みますが、肝心の政治家の意識が変わらなければ画餅《がべい》に終わる可能性も高いでしょう。

なぜ検察は汚職に踏み込まないのか──佐藤

自民党の政治家も秘書も、ただひたすら、だらしなくなってしまったのだと思います。還流（キックバック）したソフトマネーを政治活動に使ったり、そのカネで誰かを買収したりしたわけではありません。なかにはガメてしまった（自分の懐《ふところ》に入れた）ものもあるでしょうが、政治資金収支報告書に記載するのが面倒くさくなり、しなかった。しかも秘書の統率ができていないから、どれだけガメているかもわからない。非常にいい加減な事案です。

　このような場合、地検特捜部は取り調べで「覚えていません」と言う被疑者に対して「おお、そうか。じゃあ思い出し方を教えてやろうか」と応じます。すると、被疑者の記憶力が急に良くなる。実際に検察官からそう言われた秘書を知っています。

　最近、司法の分野の人で私がよく話をするのは、私が逮捕された時（二〇〇二年）に取り調べ担当検事だった西村尚芳《にしむらひさよし》さんです。彼は二〇二〇年に検事を辞め、今は霞《かすみ》ヶ関《せき》公証役場の公証人になっています。彼は、今の地検特捜部は「サンズイ（汚職のこと）」を追いかけない、と言っていました。政治資金規正法違反は形式犯ですが、検察としては形式犯で十分で、その先まで踏み込まないのだそうです。

　国民感情では、形式に反しているということ自体が大罪です。つまり、そこで検察の目的は達成できてしまう。裏金の額も小さく、山口さんが言われるとおり「巨悪」ではないこともあるかもしれません。

　また、裏金はパーティ券収入という出どころがはっきりしていますから、大きな嘘は隠れていない。むしろ西村康稔さんのように、架空のパーティが疑われるケース（ホテルの小会議室に一〇人足らずの経産省の官僚を集め、三回にわたり茶話会《さわかい》を開催。そのパーティ券は支援企業が購入していたと「週刊文春」二〇二三年一二月二一日号が報道）は違法献金の可能性もあると思います。

ちなみに、検察からすると、〝最高殊勲選手賞〟は元NHK解説委員で「安倍晋三にもっとも食い込んだ記者」と呼ばれる岩田明子《いわたあきこ》さん（現・千葉大学客員教授、中京大学客員教授）だと思います。岩田さんは、次のような署名記事を寄稿しました。

細田博之《ほそだひろゆき》前衆院議長がトップだった細田派時代（二〇一四～二一年）、現金で還流した分を政治資金収支報告書にどう記載するかについて、派として統一方針が提示されることはなかったという。（中略）安倍元首相が二一年一一月に初めて派閥会長となった後、翌年二月にその状況を知り、「このような方法は問題だ。ただちに直せ」と会計責任者を叱責、（中略）二二年五月のパーティーではその方針が反映されたものの、二カ月後、安倍氏は凶弾に倒れ、改善されないまま現在に至ったようだ。

(「夕刊フジ」二〇二三年一二月一三日)

この記事に各メディアはこぞって追随、検察は歓迎しました。いったん止めさせようとしたにもかかわらず、安倍さんの死後、復活させてしまったということは違法性への認識、少なくとも不正の認識があった。自民党は止めようとしたことと、復活したことで、〝二重ビンゴ〟というわけです。

もし私が自民党にアドバイスする立場だったら、「党の派閥レベルを超えて、すべての国会議員個々人のパーティにも踏み込みましょう。立憲民主党も国民民主党も、連合《れんごう》(日本労働組合総連合会)との関係で困った話が出てくるはずです」と助言しましたけどね。

二〇〇一年、連合傘下の自治労《じちろう》(全日本自治団体労働組合)で裏金問題が発覚しました。共済保険事業で得た事務手数料を簿外の口座にプールし、遊興費や選挙対策資金に使っていたとされる脱税事件です。翌年、自治労の幹部二名に執行猶予付きの懲役刑が言い渡されました。労働組合にも裏金をつくる体質があるわけです。だから、自民党系の弁護士なり会計士を起用して、立憲民主党以下、野党政治家のカネの出と入《い》りを丹念に調べれば、政治資金規正法に抵触する何かが出てくるかもしれないのです。

　敵に攻められてきつくなった時には、逆にみずから戦線を拡大する——これは政争における定石《じょうせき》です。自民党に裏金議員がいるなら、野党にも汚れた議員がいる、と話を党紀委員会での処分に終わらせず広げていく。ひと昔前の自民党なら実行したと思いますが、それができないし、その知恵も浮かばないのは自民党が弱っているからでしょう。

　ところが、それでも岸田政権は潰《つぶ》れません。

深海魚のような政権——佐藤

　私は、岸田政権は深海魚に似ていると思っています。支持率が二〇%台というのは、潜水艦でも圧潰《あつかい》沈没するくらいの水圧がかかる、かなり危険な深海にいるようなものです。なのに、岸田さんは平気です。まるで独自の生態系で生きているように見えます。

　裏金問題のみならず、木原誠二《きはらせいじ》元内閣官房副長官のスキャンダルもありました。木原さんの妻の元夫が不審な死を遂げ、その捜査に木原さんが圧力を加えたのではないかとする記事（「週刊文春」二〇二三年七月一三日号）が発端でした。この案件は、今までの政治家のスキャンダルとは位相《いそう》が違います。カネや下半身の問題ではなく、殺人が疑われたのですから。木原さんの妻を取り調べた元刑事（警視庁警部補）は、佐藤誠《さとうまこと》という実名を明かして記者会見を開き、「事件性がある」と断言しています。

官房副長官の周辺で殺人疑惑がスキャンダルのテーマになるのは日本の政治史上、きわめて稀です。しかし、岸田さんも木原さんも、そんな強い水圧に耐えました。やはり深海魚なのです。

政治をめぐり世論が騒ぐと、持ち出されるキーワードがあります。公明党の山口那津男《やまぐちなつお》代表がよく使う「安定か混乱か」です。たとえば二〇一六年の参院選（第二四回参議院議員通常選挙。七月一〇日投開票）に際し、彼は次のように述べました。

「今回の選挙は、自民・公明両党の安定政権か、民進《みんしん》（現・国民民主党）・共産などによる混乱か。日本の重要な進路を問う選挙です」

この時は選挙権が一八歳以上に引き下げられた最初の国政選挙で、定数の半分（一二一）が改選されました。自公はともに議席を伸ばし（自民六、公明五増）、民進党は減らしました（一三減）。有権者は「安定」を選んだことになります。では、今の野党はどうか。

たとえば立憲民主党が中核となって、かつての民主党のように政権交代ができるのかと言えば、とてもそんな状況ではありません。国民民主党も日本維新の会（以下、維新の会）も同様です。

あえて挙げるとすれば、作家の百田尚樹《ひゃくたなおき》さんがＬＧＢＴ法（性的指向及びジェンダーアイデンティティの多様性に関する国民の理解の増進に関する法律。二〇二三年六月一六日成立。同二三日公布・施行）に反対して立ち上げた日本保守党ですね（二〇二三年一〇月設立）。ここに杉田水脈《すぎたみお》さんや青山繁晴《あおやましげはる》さんらがＬＧＢＴ法反対の立場から同調し、自民党を離党して加われば、無視できない力になると思います。ＬＧＢＴ法には、参政党も反対の立場です。

すると、日本保守党と参政党を中心に維新の会、立憲民主党、国民民主党の一部が合流して自公の対抗勢力となり、政権交代を目指すという仮説も成り立ちます。しかし、それこそ「安定か混乱か」で言う「混乱」、というか「大混乱」になるでしょう。そう考えると、やはり有権者は「安定」を選択すると思います。

疑惑追及を無力化した安倍晋三元首相――山口

安倍さんの存命中は、右派的なものを束《たば》ねる求心力が自民党にありました。安倍さんは、言わば右派・保守勢力のアイコンだったのです。おかげで自民党の衰弱を隠蔽できました。しかし安倍さんが亡くなり（二〇二二年七月八日）、その求心力が消えたことで、日本保守党や参政党などの新しい右派勢力が、弾《はじ》けるように誕生したということでしょう。

これは注目すべき変化ですが、世界的な潮流でもあります。

ドイツでは「ドイツのための選択肢（AfD《アーエフデー》）」、フランスなら「国民連合（RN《エールエヌ》。旧・国民戦線）」といった右派ポピュリズム・ナショナリズム政党が登場し、どちらも一定の支持を得て、六月の欧州議会選挙で躍進しています。アメリカでもトランプという特異なリーダーが共和党そのものを牛耳《ぎゅうじ》る――そんな構図になっています。

安倍さんには、後述する民主党政権（二〇〇九～二〇一二年）の失敗を最大の資産にして、その資産を繰り返し利用しながら権力を維持した面があります。国会や党大会など、さまざまな場で「悪夢のような民主党政権」と連呼しました。

また二〇一一年三月の東日本大震災を経て、日本経済がすこしずつ上向くと、円安誘導をして輸出企業を儲けさせ、株価も上昇しました。安倍さんの首相在任中（二〇一二年一二月～二〇二〇年九月）、日経平均株価は二・三三倍にもなっています。経済界には好ましい政権だったと言えるでしょう。

安倍政権時代には、今の裏金問題に通じるようなスキャンダルもありました。森友《もりとも》学園問題（国有地の売却価格決定に安倍晋三・昭恵《あきえ》夫妻が関与した疑惑。二〇一七年）や加計《かけ》学園問題（獣医学部新設の認可にあたり、安倍内閣が便宜を図《はか》ったとする疑惑。二〇一七年）、「桜を見る会」問題（招待者の人数・前夜祭の参加費などをめぐり、公職選挙法違反と政治資金規正法違反が疑われた。二〇一九年）の三件、いわゆる「モリカケサクラ」です。

メディアや野党は安倍さんを厳しく糾弾・追及しましたが、安倍さんは「いつまで拘《こだわ》っているのだ」と言わんばかりに、追及を無力化して逃げ切ります。「モリカケサクラ」は次第に風化し、人々の記憶から消えていきました。政治的スキャンダルをごまかすという点で、今までにない現象です。

ところで、さきほど裏金問題に関し、私は「政治とカネをめぐるルールの改革が定着した」と述べましたが、いっぽうで選挙制度の改革は、自民党の政治家たちの〝足腰〟を弱めたと思います。

一九九四年に公職選挙法が改正され、二年後（一九九六年）の衆議院議員総選挙から小選挙区比例代表並立制（以下、小選挙区制）が導入されました。

小選挙区で自民党の公認を得れば、衆院選ではかなりの確率で当選できます。しかも二〇一二年に自民党が政権を奪還して以降は、野党が自滅・分裂していますから、「自由民主党公認」の看板が重みを増しています。裏を返せば、選挙戦で個々の政治家の運動量・熱量に負うところが少なくなったわけで、それが彼らの〝足腰〟を弱めたのです。

あの時、政権交代の可能性があった——佐藤

ただし、政権交代が起きかけたこともあります。二〇二一年の総選挙（第四九回衆議院議員総選挙。一〇月三一日投開票）、すなわち菅義偉《すがよしひで》さんが退《しりぞ》き、岸田さんが首相になった（九月二九日の自民党総裁選後、一〇月四日に首相就任）直後の解散総選挙です。あの時は、自民党が下野《げや》して政権交代の可能性があったと私は見ています。

菅内閣の支持率は、発足当初（二〇二〇年九月）こそ六二％ありましたが、一年後には

三〇％にまで下落しました（NHK世論調査）。その大きな要因は、泥縄《どろなわ》的な新型コロナウイルス対策への批判と、相次いだ不祥事です。菅政権下、三回の緊急事態宣言が発令（二〇二一年一月・四月・七月）されましたが、新型コロナの新規感染者は増加し続けました。東京オリンピック・パラリンピック（七月二三日〜九月五日）は感染拡大の防止を理由に、ほぼ無観客での開催です。

不祥事では、たとえば山口さんが指摘された「桜を見る会」問題で、前夜祭（ホテルニューオータニでの夕食会）の費用の一部を安倍晋三後援会が負担していたとの疑惑が表面化したのは、菅政権がスタートして二カ月後の二〇二〇年一一月です。

また二〇二一年一月、菅さんの側近である吉川貴盛《よしかわたかもり》元農林水産大臣が、広島県の鶏卵生産会社から現金を受け取っていたとの収賄罪《しゅうわいざい》で起訴されました（起訴前に議員辞職、離党）。さらに四月には、やはり菅さんに近い菅原一秀《すがわらいっしゅう》元経済産業大臣に現金配布問題が浮上し、議員辞職しましたが、公職選挙法違反で起訴され、罰金四〇万円・公民権停止三年の有罪判決を受けています。加えて、菅さんの長男がからむ総務省官僚接待問題も猛烈な世論の批判を浴びました（二〇二一年二月）。

菅さんは総裁選不出馬を表明し（二〇二一年九月三日）、自民党は岸田政権で前述した総選挙に臨《のぞ》むことになりました。しかし、後手に回ったコロナ対策と不祥事のオンパレードで逆風に晒《さら》されても、自民党の危機感は希薄でした。

いっぽう、きわめて大きな危機感を持ったのが、一九九九年から自民党と連立政権を組んでいる公明党です。公明党は当時、支持母体である創価学会《そうかがっかい》とともに、星取表《ほしとりひょう》（各候補者の当落予測を○△▲などで示した表）を見ながら、詳しく選挙戦の情勢分析を行ないました。そして「楽観できない」との結論に至ります。立憲民主党と共産党を軸に、野党が共闘する構《かま》えだったからです。

公明党は選挙運動に本腰を入れ、創価学会は「混ぜるな危険　立民共産」をスローガンに集票活動を行ないました。自民党候補の応援も含めて、です。

開票の結果、自民党は一五議席を減らしたものの、なんとか単独過半数を維持（二六一）。公明党は三議席増（三二）でした。対して、立憲民主党は一三議席を失っています。

総選挙終了後、ある公明党幹部は「自民党に感謝の念がない。政権交代の危機を乗り越えられたのは誰のおかげだと思っているのか」と怒っていました。

さらに、その前の総選挙（第四八回衆議院議員総選挙。二〇一七年一〇月二二日投開票）でも政権交代の可能性があったと、私は考えています。ただし、小池百合子《こいけゆりこ》東京都知事が「排除します」と発言せず、都知事を辞職して国政選挙に出馬していれば——という条件つきですが。

小池さんは二〇一六年八月から都知事ですが、その前は衆議院議員として首相補佐官、環境大臣、内閣府特命担当大臣、防衛大臣などを歴任しています。小池さんは二〇一七年九月、希望の党を立ち上げます。この時、前原誠司《まえはらせいじ》さんが代表を務める民進党と希望の党の合流が大筋で決まっていました。

しかし総選挙を前に、候補者の公認をめぐり、前原さんと小池さんの間で発言に齟齬《そご》が生じます。前原さんは「（民進党の所属議員が）希望の党に公認申請すれば排除されない」と述べたのに対し、小池さんは「安全保障や憲法観で一致する人だけを公認する」と発言。このズレを、都知事定例会見（二〇一七年九月二九日）でフリージャーナリストの横田一《よこたはじめ》さんが問い質《ただ》すと、小池さんは「排除されないということはございません。排除いたします」と答えたのです。

この「排除発言」がきっかけで、希望の党は勢いを失いました。また、民進党内では「排除発言」に反発した枝野幸男《えだのゆきお》さんらが離党し、立憲民主党を結党（一〇月三日）。希望の党は小選挙区と比例で二三五人の公認候補を擁立しましたが、獲得議席は五〇と大敗しています。結局、小池さんは出馬しませんでした。

このように、直近二回の総選挙で政権交代の可能性がありました。だから、今は自公で安定しているように見えても、何が起きてもおかしくはない。その意味において、公明党は強い危機感を持ち続けているのです。

山口さんは、民主党の知恵袋として二〇〇九年の政権交代に立ち会われました。そして今も、立憲民主党を中心に野党共闘を呼びかける「市民連合（安保法制の廃止と立憲主義の回復を求める市民連合）」の運営委員です。山口さんの出す知恵と描いたシナリオどおりに進んでいれば、民主党が権力の座からすぐに退場することはなかったはずですし、立憲民主党も野党全体の塊《かたまり》を主導することができたのではないでしょうか。

なぜ民主党政権は短命に終わったか——山口

小池百合子さんの「排除発言」は、はっきり言って小池さんのヘマでしたね。あれがなければ、確かに政権交代が起きていたかもしれません。

かつての民主党が自公を倒して政権交代を実現させたのは、二〇〇九年の総選挙（第四五回衆議院議員総選挙。八月三〇日投開票）です。絶対安定多数（二六九）を大幅に上回り、三〇八議席を得る劇的かつ圧倒的な勝利でした。党代表の鳩山由紀夫《はとやまゆきお》さんが首相に就き、社会民主党（以下、社民党）、国民新党と連立政権を組んだのはご承知のとおりです。

しかし民主党政権は、二〇一二年の総選挙（第四六回衆議院議員総選挙。一二月一六日投開票）で惨敗を喫《きっ》し、三年あまりの短命に終わります。鳩山さんのあと、菅直人《かんなおと》さん、野田佳彦《のだよしひこ》さんが党代表となり、それぞれ首相として組閣しましたが、その間、社民党が連立政権から離脱（二〇一〇年五月）したり、小沢一郎《おざわいちろう》さんのグループが離党届を提出（二〇一二年七月）したりするなど、内部分裂が絶えませんでした。

私は一九九〇年代後半から、政権交代を念頭に民主党を応援してきました。鳩山さんや菅さんとも踏み込んだ議論をしましたが、のちに「民主党政権とはなんだったのか」と総括した時に感じたのは、民主党では人間関係が政治を動かす大きな要因だったということです。つまり、政策の論議以前に「あいつは嫌いだ。信用できない」といった人物に対する好悪《こうお》が優先してしまう。

政権与党の座にありながら党を割るのは、自民党なら絶対にあり得ませんし、政治の世界では非常識なことです。権力保持という大きな目的のためには、喧嘩《けんか》状態を修復して、とりあえず共存を図る——これは政治家として最低限の作法・行動様式です。しかし民主党の政治家は、その作法を守れなかった。人間関係における矛盾を克服できていなかったのです。自民党を一日でも長く野党の座に置いておかなければ政治改革は成就《じょうじゅ》しないのに、その認識が欠けていました。

民主党と公明党は、政策の面で高い整合性がありました。私は公明党との将来的な関係を視野に入れ、創価学会系のメディアにも積極的に論文を書いたりしたのですが、そんな展望も民主党政権の失敗であえなく潰《つい》えてしまいました。もったいなかったと思います。

また立憲民主党について言えば、残念ながら党名にある「立憲」という言葉が成長を阻害している面は否定できません。憲法を党のシンボルに掲げると、獲得議席数の目標が全議席の三分の一で止まってしまうからです。

憲法改正の発議には「総議員の三分の二以上の賛成」が必要とされています（日本国憲法第九六条）。つまり、三分の一が反対すれば改憲を阻止できる。五五年体制（後述）下の日本社会党（以下、社会党）は三分の一を確保し、自主憲法制定を目指す自民党の改憲に対抗しました。構図上は二大政党制です。しかし社会党は、単独では政権を獲《と》ることはできませんでした。

立憲民主党は二〇一七年の総選挙で五五議席を獲得し、野党第一党になりました。予想外の善戦です。しかし、やはり「改憲阻止・護憲」が旗印《はたじるし》では三分の一が限界で、政権交代はできません。立憲主義自体が大きな争点になりえないのです。より大きな価値――たとえば人口減少や貧困問題対策への方向性を示し、それをシンボルにすべきでしょう。

そして今は、野党側も新たな再編をしなければならないと私は考えます。

一九九〇年前後から、さまざまな社会変化が起き、今は日本の政治がひとつの終焉期を迎えています。自民党の政治システムも、腐敗や政策的な行き詰まりで壊れ始めました。私の立場からすれば、そんな自民党政治を変えること――選挙制度改革や政党再編をテーマに試行錯誤をしてきたわけです。

確かに二〇〇九年、政権交代を起こすことができました。また政治とカネにまつわるルールの改革など、変えられた部分もあります。しかし経済を含めて社会の仕組みを変えるまでには手が届きませんでした。

人口減少問題にしても、第二次ベビーブームの一九七三年をピークに出生数《しゅっしょうすう》が減り始め、合計特殊出生率は一九七五年に一・九一をカウントしました。一人の女性が生涯に出産する子どもの数が二人を下回ったのです（二〇二一年の人口動態調査では一・三〇）。すなわち、少子化はわかっていた問題であり、対策を立てられたはずです。

男女雇用機会均等法（雇用の分野における男女の均等な機会及び待遇の確保等に関する法律。一九八六年施行。一九九七年改正。二〇〇六年再改正）で女性の社会進出が加速しましたが、それに対応する家族モデルや、子どもを産んで育てるシステムを構築しなければならないこともわかっていました。

また、ものづくり中心で経済成長してきた日本のビジネスモデルが歴史的役割を終え、特に一九九〇年代以降、ソフトウェア産業が主導権を握る時代になると、それまでの日本における労働や経営、教育のシステムを転換すべきだという提言もなされています。だから、日本がすべきことについての議論の蓄積はあるわけです。

しかし結局のところ、その蓄積を政策として実現するまでには至らず、私としてはチャンスを逸《いっ》した。いや、むしろ次世代に対して申し訳ないことをしたと思っています。

民主党政権でなされた転換――佐藤

民主党への政権交代は、日本のさまざまな問題が堰《せき》を切ったように表面化したという意味でも、大きな転換だったと思います。

たとえば、私のアイデンティティを構成する沖縄人（ウチナーンチュ）からの視点で見ると、普天間《ふてんま》飛行場（アメリカ海兵隊普天間飛行場。沖縄県宜野湾《ぎのわん》市）の移設問題が挙げられます。鳩山由紀夫さんは首相就任前から「最低でも沖縄県外（への移設）」と提唱していましたから、公約同然に受け取られました。この発言自体が問題ではありません。県外への移設が困難な状況になると、鳩山さんは国内手続きを始めてしまったことが問題なのです。

アメリカ側が「普天間は日本の国内問題」という姿勢を崩さないので、鳩山さんは徳之《とくの》島《しま》など別の移設先を探したり、防衛省・外務省に再検討を促したりします。仲井眞弘多《なかいまひろかず》沖縄県知事（当時）には、名護《なご》市辺野古《へのこ》への移設案を打診しました。政府案の取りまとめを含め、生真面目《きまじめ》な国内手続きだったのですが、結局、辺野古移設で日米が合意し（二〇一〇年五月）、鳩山政権は閣議決定します。これに反発した社民党は連立から離脱しました。

菅直人政権では、二〇一一年六月の「2＋2《ツープラスツー》（日米安全保障協議委員会）」で、辺野古沖を埋め立て、新基地にV字型滑走路をつくる工法を日米で合意しました。あらゆる意見が対立していたにもかかわらず、工法まで決めてしまった。この決定さえなければ、いまだに辺野古は着工できていないはずです。

また菅さんは、二〇一〇年の参院選（第二二回参議院議員通常選挙。七月一一日投開票）に際し、それまで五％だった消費税率を一〇％に引き上げることに言及して、民主党は大敗します。過半数割れ（一〇六議席）により、〝ねじれ国会〟になりました。今になって「（消費税発言は）私の大変な判断ミスだった」と述べていますが（二〇二三年一一月二六日）、消費税を上げなければいけないことは明白でした。

以上のことからわかるのは、それまでの自公政権と民主党政権の間に政策的な連続性がなく、断絶があったことです。むしろ辺野古問題や消費税については、民主党政権と安倍政権のほうが連続性があります。

原発事故にしても、もし東日本大震災の時に自公政権だったら、野党は「自民党・公明党が進めた原子力政策のせいで、こんな大惨事になったのだ」と徹底的に争点化し、政権交代への流れをつくったと思います。ところが当時は民主党政権でしたから、民主党は原発事故の対策に責任を負わなければなりませんし、自公も原子力政策を進めてきた手前、民主党政権を攻撃することはできません。つまり、両すくみです。

このように民主党政権の三年間は、さまざまな巡《めぐ》り合わせがあったにせよ、前述した「転換」がなされたのです。その後、安倍さんが「悪夢のような民主党政権」とスローガンのように連呼したのは山口さんのご指摘どおりですが、国民も「そんな感じかな」と「悪夢」の二文字が刷り込まれた感があります。

しかし、民主党政権の時に日本も変わらざるを得なかった必然性を、もうすこし冷静に考えるべきです。本当に「悪夢」だったのか。少なくとも民意を政治に反映させることに近づいた政権だったのではないか――そう考えると、逆に、私は日本の有権者が怖くなってきます。民意とは何か、私たちの民主主義に対する感覚はどうなっているのか。これが今、問われているのです。

福島瑞穂党首の罪――山口

普天間飛行場移設問題で、連立から離脱した時の社民党の党首は福島瑞穂《ふくしまみずほ》さんです。福島さんは鳩山内閣で消費者・少子化担当大臣を務めていましたが、日米合意と閣議決定案文への署名を拒否した結果、大臣を罷免《ひめん》されます。そして社民党の連立離脱により、鳩山政権が崩壊しました。事態は急展開しましたが、政治における責任の取り方について重要な教訓を孕《はら》んでいます。

連立離脱を選択した福島さん、ならびに社民党の身の処し方を「主義主張に殉《じゅん》じた潔《いさぎよ》いものだ」と好意的に評価する向きもありました。しかし、主義主張を貫《つらぬ》くことが、政治家にとって美徳であるとはかぎりません。

政治家の最大の使命は、結果を出すことです。普天間飛行場の県外移設という大目標に照らせば、社民党が節操を貫くことは小事《しょうじ》と言わざるを得ません。野党の立場から「日米合意を撤回せよ」と叫んでも、〝屁《へ》の突っ張り〟にもならないことくらい、与野党の両方を経験した福島さん自身がわかっていたはずです。

鳩山さんが県外移設を主張したことで、沖縄の反米軍基地感情は不可逆的に噴き出しました。当時、私は次のような論考を発表しました。

辺野古沖への基地建設には、海の埋め立てが不可欠だが、許可権限を持つ沖縄県知事がそれを許すはずはない。問題の決着までには、これからいくつもの山を越さなければならない。その時、社民党が政権にいるのといないのでは、同党の影響力には雲泥《うんでい》の差がある。政治的判断の下し方は、さほど複雑な話ではない。自分がある決断を下す時、誰がそれを最も喜ぶか、誰に最も不利益が及ぶかを考えればよい。社民党の政権離脱を最も喜ぶのは、民主党内のタカ派だ。それによって最も損害を被《こうむ》るのは、社民党が代表すると称してきた弱者や沖縄の人々だ。政治家は権力を使うことで良い政策を実現し、国民から評価を得ようとする。しかし、その場合の称賛は、権力の行使に伴う批判や攻撃と表裏一体だ。称賛だけを〝いいとこ取り〟しようとする点に、日本の左派の甘さがある。今回の社民党の行動はその典型例だった。現実主義をわきまえ、責任感を持った左派こそ、日本の政治に必要だ。

（「毎日新聞北海道版」二〇一〇年六月一五日を抜粋・要約）

二〇一七年四月二五日、防衛省沖縄防衛局は埋め立て予定地の護岸工事に着手しました。あれから七年が経過しています。

現代版「広義国防」が必要――山口

今の安全保障関連の議論を見ていて私が思うのは、「歴史は繰り返す」ということです。戦前、わが国の防衛政策をめぐる議論がありました。「広義国防」論と「狭義国防」論です。「広義国防」は一九三四（昭和九）年に陸軍省が提唱したもので、国民生活全体の安定や農工業生産量の向上を図り、武力だけに頼らず総力戦に備えるべきだとする考え方です。対して、「狭義国防」は軍備増強だけを重視する考え方です。

二つの言葉は、広田弘毅《ひろたこうき》内閣（一九三六年三月〜一九三七年二月）と、それに続く林銑《はやしせん》十郎《じゅうろう》内閣（一九三七年二月〜六月）における政策論争で頻繁に用いられました。日本が満《まん》州《しゅう》事変《じへん》（一九三一年九月）を経て、日中戦争（一九三七年七月開戦）に向かっていた時代です。

私は今こそ、現代版の「広義国防」が必要だと思っています。戦前の「広義国防」論者は、革新官僚や軍の一部および左翼政治家の一部でしたが、彼らは「国民の健康水準を上げよう。失業者数を減らそう。そうすることが広い意味での国防なのだ」と、今日《こんにち》の福祉国家にも繋がるような主張をしていたのです。

前述したように、岸田政権は五年間で四三兆円の防衛費を計上しました。人口減少に歯止めがかからず、累積財政赤字も膨《ふく》らんでいくなかでの四三兆円です。しかも、当初予算（二〇二四年度）の防衛費七兆九四九六億円のうち、五一一七億円を建設国債の発行で賄《まかな》う方針です。つまり借金です。今の日本にこれだけの防衛費を賄う力はありません。

これはまさに「狭義国防」であり、亡国への道です。財政法第四条は「国の歳出は、公債又《また》は借入金以外の歳入を以《もっ》て、その財源としなければならない」と赤字国債の発行を禁じています。この条文は本来、憲法第九条を財政面から担保《たんぽ》する規定でした。借金による防衛力強化は、むしろ国力を蝕《むしば》むのです。岸田政権が「防衛力を強化する」と言うのなら、その前に国民の生命・生活そのものの強化を目指すべきです。

ミクロな論点では、佐藤さんが言われた防衛費の「箇所づけ」に、今の野党も対案を出して議論に参加する必要があると思います。

佐藤さんはNHKのインタビュー番組（「クローズアップ現代＋《プラス》」二〇二二年一月二三日放送）のなかで、自衛隊員の生活環境改善をはじめとする防衛予算の具体的な使い方を考えなければいけないと主張されましたね。

私も同じ趣旨で、枝野幸男さんに「立憲民主党として『防衛費はこう使え』と対案を出さなければいけないだろう」と進言したことがあります。枝野さんは、自衛隊員が置かれている環境をかなり理解しており、「（自衛隊員が）トイレットペーパーさえ自弁《じべん》するようなひどい状態では、戦えるわけがないでしょうね」と言っていました。

台湾有事における沖縄——佐藤

私が番組で話したひとつは、自衛官の住む官舎の早急《さっきゅう》な改善です。実際、一九六〇年代から一九七〇年代はじめに建てられた市営住宅のような官舎ばかりで、部屋も狭い。居住環境が半世紀以上前のままでは、枝野さんが言うように戦えるわけがありません。現代のマンションに建て替えるべきです。自衛官の処遇、すなわち給与と諸手当にも言及しました。危険な任務に従事する人たちの水準に合わせてもっと良くすべきです。

立憲民主党も、政治家自身が自衛官の官舎を詳細に見て回ったうえで、現状改善のための箇所づけを強く主張すればいいのです。たとえば「防衛力の強化には賛成します。ただし、そのためには自衛官の官舎を建て替え、給与水準も引き上げる。四三兆円もあるのなら、カネの使い途《みち》をリアリズムで考えるべきだ」というように。そうすれば、自衛隊の野党に対する見方も変わります。

私は玉城《たまき》デニー沖縄県知事にも言いました。玉城さんと公開討論をした時（「ゴルバチョフメモリアル　第1回人間の安全保障フォーラム」、二〇二四年一月八日）、「防衛費の箇所づけに沖縄県も協力すればいいのではないですか」と私が言うと、玉城さんも同意してくれました。

また、「自衛官の採用に沖縄県枠を設《もう》けたらどうですか」とも提言しました。赴任先を沖縄県に限定し、地方公務員として沖縄県が自衛官を採《と》るのです。災害対策にもあたりますが、自衛官ですから武器を携行《けいこう》します。ウチナーンチュの若者たちが独自に武器を持つことになれば、ヤマトンチュ（沖縄県外の日本人）も沖縄について真剣に考えなければならなくなるでしょう。

沖縄県の面積は日本国土の〇・六％にすぎません。そこに在日米軍専用施設の七〇％が集中しています。沖縄県には、そういう特殊性があるのです。

さらに言うなら、台湾有事（中国による台湾への軍事侵攻）は沖縄の飢餓《きが》に直結します。台湾有事に日本がかかわれば、沖縄が高い確率で戦場になるでしょう。その時、食料事情はどうなるか。

沖縄県の食料自給率はカロリーベースで三二％（二〇二一年度）ですが、この数字にはサトウキビが入っています。対して、沖縄県の米《こめ》の生産高は一八五〇トン（二〇二三年産）、日本全体のわずか〇・〇二六％です。沖縄県の人口は一四七万人ですから、収穫した米をすべて備蓄したとしても、戦場になれば単純計算で三日しか持ちません。

私は玉城さんに、台湾有事の際の避難方法や食料の確保などについて、中央政府と連携が取れているのかを尋ねました。すると玉城さんは「国からは何も情報を知らされていない」と答えたのです。そこで私は、「ならば各論に落とし込んで、沖縄県から政府に要求してはどうですか」と重ねて言いました。それこそ情報を得るために外交、防衛当局による日米安全保障協議委員会「2＋2」に沖縄が当事者として参加し、「2＋2＋1」にすればいいのです。

第一章で紹介した、岸田さんの国連演説「人間の命、尊厳が最も重要であるとの原点に立ち返るべきです。我々が目指すべきは、脆弱な人々も安全・安心に住める世界」を、世界ではなく沖縄を念頭にしたメッセージとして、「総理は、命が大切だと国連で言ったではありませんか」と、沖縄県が政府に対して逆用するという知恵もあるはずです。

政治家の劣化――山口

佐藤さんの提言は、いずれも高く評価すべき知恵だと思います。これを政治家に置き換えれば、「知恵」とは政策立案能力であり、権力を使う能力ということになります。「選挙制度改革が政治家の足腰を弱くした」と前述しましたが、その「足腰」とは、単に選挙活動の運動量＝行動力だけを指すのではなく、「能力」を包含《ほうがん》した表現でもあるのです。

政治家の足腰が弱まり、劣化したことは能登《のと》半島地震（二〇二四年一月一日発生）の災害対応からも見て取れます。政治家の動きが鈍《にぶ》い印象を受けるのです。

東日本大震災の時、自民党は野党でしたが、それまで培《つちか》ってきた地方の基盤があったので、さまざまな業界団体を動かして復興支援活動にあたったり、地元の声を吸い上げて政策提言したりするなど、民主党政権のできない部分を補完しました。当時の自民党総裁・谷垣禎一《たにがきさだかず》さんは菅直人首相に、震災特命大臣の設置をはじめとする一六七項目の「第一次緊急提言」をしています（二〇一一年三月二〇日）。

しかし一三年が経過した今、政治家と地元選挙区との繋がりは希薄になり、政治家自身も無関心になってきました。地震のような自然災害にかぎりませんが、国民の緊急事態にこそ、精力的に地元を回って要望を聞き、政府・役所に伝える――それが政治家の腕の見せどころであるはずなのに、実に嘆かわしい。

余談ですが、岸田さんが夏休みに書店に行き、本を買ったというニュースがありました（二〇二三年八月一一日）。岸田さんが購入した書籍は『アマテラスの暗号』（伊勢谷武《いせやたける》著）、

『街とその不確かな壁』（村上春樹《むらかみはるき》著）、『世界資源エネルギー入門――主要国の基本戦略と未来地図』（平田竹男《ひらたたけお》著）、『地図でスッと頭に入る世界の資源と争奪戦』（村山秀太郎《むらやまひでたろう》監修）、『まるわかりＣｈａｔＧＰＴ＆生成ＡＩ』（野村《のむら》総合研究所編）などです。

これらの本がどうだとは申しません。ただ岸田さんと同じ宏池会でも、昔の政治家は難解な人文書を読み、読書量も教養も豊かでした。非常に勉強していたのです。こうしたところにも、私は政治家の変質を見る思いがします。

政治家から迫力が消えた――佐藤

同感です。政治家は変質しましたね。

まず政治家が官僚的になり、逆に官僚が政治家的になりました。私は政治家に暴力性を感じなくなりました。たとえば、鈴木宗男さん（新党大地代表。元北海道開発庁長官）や野《の》中広務《なかひろむ》さん（元内閣官房長官）、梶山静六《かじやませいろく》さん（元内閣官房長官）には、下手なことを言うと「殴られるのではないか」と思わせる、暴力的なオーラがありました。

その迫力で官僚を威圧していたのですが、今の政治家にはほとんど見当たりません。強《し》いて言うなら、武田良太《たけだりょうた》さん（菅内閣で総務大臣。第四次安倍第二次改造内閣で国家公安委員会委員長）と二階俊博さん（元経済産業大臣。安倍・菅内閣で自民党幹事長）くらいでしょうか。山口さんが言われるように、選挙戦の荒波に揉《も》まれていないから、政治家から迫力が失われたのかもしれません。

それから、特に自民党の政治家に、品《ひん》のない人が増えました。公明党の選挙集会に、自民党の政治家が応援演説でやって来ます。ところが一五分の演説を終えると、さっさと帰ってしまう。集会の最後までいない〝話し逃げ〟です。集会が終わるまで会場に残り、応援を受けた公明党の政治家や公明党支持者たちと「がんばろう」と握手するのが常識でしょう。途中退席するのは常識を欠いた、品のない行為です。

公明党の集会場所に一五分だけ顔を出し、あとは自分の選挙区を回るとしても、大した数の有権者と話し込めるわけではありません。それよりも、会場に来ている一五〇〇人の創価学会員を中心とする公明党支持者に丁寧に対応したほうが、はるかにメリットがある。そんな計算もできないのは、政治家が変質・劣化した証左です。

ちなみに、創価学会員の感覚では、聖教新聞を「取っています」と「読んでいます」は違います。創価学会についてどこまで勉強しているのかを相手に求めるのです。

創価学会の会合に他宗派の数珠《じゅず》を持って参列し、学会員の神経を逆《さか》なでした自民党の政治家がいました。その政治家は勉強不足で地雷を踏んだわけですが、他者の「内在的な論理」を理解しようとする姿勢に欠けています。これは政治家として、有権者の気持ちになって考えることができないことと同列ですし、そのような人が外国人と国益をかけた交渉ができるとは思えません。

派閥の変質――山口

政治家にとっての勉強という意味では、派閥が果たした役割は無視できません。

たとえば経世会《けいせいかい》（竹下《たけした》派。現・平成研）なら、竹下登《のぼる》さん（第七四代首相）は最側近の小渕恵三《おぶちけいぞう》さんに、笑顔のつくり方まで細かく指導しました。小渕さんは竹下内閣（一九八七～一九八九年）で官房長官、一九九八年には首相（第八四代）になっています。かつての派閥には教育機能があったのです。

しかし、その派閥も変質しました。自民党総裁選を派閥の戦争のような形で闘っていた時代は、派閥の領袖《りょうしゅう》が子分たちにカネを配っていましたし、派閥の凝集性が非常に高かった。それがこの二〇～三〇年で次第に弛緩《しかん》し、総裁選も生ぬるくなりました。派閥の個性は後退し、金銭面で若手を応援する機能も低下しています。小選挙区制が個々の政治家をスポイルすると同時に、派閥も変質させたのです。

ですから二〇〇〇年一一月、加藤紘一《かとうこういち》さん（当時の宏池会会長）が山崎拓《やまさきたく》さん（元建設大臣）と組んで、野党が提出した森喜朗《もりよしろう》（第八五～八六代首相）内閣不信任決議案に同調して、森さんの退任を迫った「加藤の乱」のような党内クーデターも、もう起こりえないでしょう。ちなみにこの時、加藤さん側の〝反乱軍〟にいて、のちに宏池会を引き継いだ岸田さんは、著書『岸田ビジョン――分断から協調へ』（講談社＋α新書）のなかで、「私はその一部始終を目撃することで（中略）権力闘争の凄《すさ》まじさを肌で体感しました」と述懐しています。

今回の裏金問題で自民党が派閥の解散を決めたとはいえ、派閥がいきなり雲散霧消《うんさんむしょう》するわけではなく、人事を行なううえでの単位やネットワークとして〝派閥のようなもの〟は続くのではないでしょうか。

それにしても、政治家が変質し、派閥も変質すれば、その集合体である自民党の変質も宜《むべ》なるかな、です。

はたして保守政党と言えるのか――山口

自民党の原点は反共（反共産主義）です。サンフランシスコ平和条約の批准をめぐり右派と左派に分裂（一九五一年）していた社会党が一九五五年一〇月に再統一すると、翌一一月に自由党と日本民主党が合同して（保守合同）、自由民主党が結成されました。社会党の支持基盤は総評《そうひょう》（日本労働組合総評議会）、自民党の支持基盤は財界です。この自民党と社会党の対立構図が、前述した五五年体制です。

しかし、一九九〇年代初頭にソ連の崩壊とともに東西冷戦が終結すると、単なる反共では自民党の存在理由が弱まり、新たな争点構造をつくる必要に迫られました。そこで持ち出されたのが、歴史修正主義（客観的な史実を無視して自分の歴史認識を主張する立場）や伝統的家族主義（女性を事実上家庭に押し込める考え方）です。

安倍晋三さんは、そのシンボルのような存在だったと思います。実際に、安倍さんは

「歴史修正主義者」であるとして、ニューヨーク・タイムズなど海外メディアから批判されましたが、歴史修正主義も伝統的家族主義も、以前の自民党は関心を持っていなかったテーマです。それが、表向きは自民党らしいイシューとして取り上げられ、先に名前の出た杉田水脈さんのような右翼的な政治家が旗振り役になりました。

だから今は、「反共」「保守反動」など本来的な意味でのイデオロギーが、自民党の政治家には真剣なテーマになり得ず、保守という言葉が空虚になってしまいました。

ただ、保守とは社会の調和を守る「思想」というより、むしろ「心の習慣」に近いものです。特に一九世紀以降は、工業化・都市化に対する反動であり、資本主義がもたらす大きな変動——社会的・経済的分断に対抗すべく、人間が心に築いた防壁です。

ところが、日本の場合は明治維新で人為的に近代国家をつくり、それを正当化するためのイデオロギーとして保守思想が構築された面が抜きがたくあります。エドマンド・バーク（一八世紀イギリスの政治思想家・哲学者。アメリカ独立戦争を支持し、「保守思想の父」と呼ばれる）が唱えたような保守の思想は、日本にはありません。

日本は明治になって、それまでの歴史を無視するかのように「伝統」を創出し、天皇制を整備しました。ということは、戻るべき原初状態《げんしょ》がないわけです。それを無理矢理つくろうとすれば、農本主義《のうほん》（農業・農村を国家の基礎とする主張）もしくは社稷《しゃしょく》（古代の中国で君主が祀《まつ》った土地の神［社］と五穀《ごこく》の神［稷］。転じて国家、朝廷）、すなわち「共同体がどこかにある（あった）のだ」という考え方になってしまいます。

そして日本における保守は、権威や権力と癒着しています。本来の保守は、あらゆることに疑いを持つ懐疑主義であり、前述した「心の習慣」ですから、経済であれ、文化・思想の面であれ、押しつけがましい政府を嫌うはずなのですが、日本の場合は逆です。

すこし戻りますが、一九世紀以降、保守にとっての難敵は資本主義でした。資本主義がもたらす階級対立、社会の分断を緩和しなければ体制が持たない——そういう危機感で動いてきました。しかし冷戦が終わり、グローバリゼーションで資本主義が大手を振ってまかり通るようになると、新たな階級対立が生じました。格差と貧困です。しかし、そうした社会的な亀裂を修復する意欲や能力を持った保守政治家は減ってきています。

資本主義との関係で保守を考えた場合、私はイギリスの保守統一党（以下、保守党。二〇一〇年から二〇二四年七月まで政権与党）が掲げる「ワンネーション保守主義」に注目しています。これは簡単に言えば、社会の富裕層は弱者・貧困層へ扶助する義務を負うとする主張です。

グローバリゼーションの波にうまく乗り、大儲けする人がいるいっぽう、貧困のために困っている人たちがいる。そのほうが圧倒的に多いわけです。やはり私は、分断された社会と国民の共同性を回復するのが保守の役割だと思います。カネ儲け以外の価値を擁護し、人間が自然に家族を形成して次の世代をつくっていく営《いとな》みをすこしでも楽にできる世の中にする。社会の生存本能を守る。それが保守のテーマです。

岸田政権は、新NISA《ニーサ》（少額投資非課税制度）を看板政策としていますね。それが岸田さんの言う「新しい資本主義」の具体策だとアピールに余念がありませんが、国民全体に資本家幻想を振りまくことは「保守本流」を自任する宏池会の政策ではないはずです。

エンペラーとキング――佐藤

井手英策《いでえいさく》さん（慶應義塾大学経済学部教授）は、著書『幸福の増税論――財政はだれのために』（岩波新書）のなかで「ベーシック・サービス」という仕組みを提唱し、その理由を次のように述べています。

所得格差はなぜ悪か。それは、生きるため、くらすために必要なサービスを利用できない人を生むからだ。貧乏な家に生まれたという理由だけで病院や大学にいけない社会は理不尽である。理（ことわり）に従って生きるのが学者である以上、僕はそんな社会をだまって見過ごすわけにはいかない。これが自著『幸福の増税論』のなかで「ベーシックサービス（ＢＳ）」を提唱した理由だ。医療・介護・教育・障害者福祉、これらの誰もが必要とする／しうるサービスをＢＳと定義し、所得制限をつけず、すべての人たちに給付する。つまり、幼稚園や保育園、大学、医療、介護、障害者福祉、すべてを無償化するという提案だ。

（「三田評論ＯＮＬＩＮＥ」二〇二一年四月二一日）

社会民主主義的な主張だと思います。

最近の自民党の政治家は競争に勝ち、「自分は偉いのだ」と誇りたがる新自由主義の権《ごん》化《げ》のような人たちばかりです。そこに、取ってつけたように「日本は美しい。優れている」という外装を纏《まと》うから、まるで説得力がない。本当にそんなことを信じているのかと疑いたくなります。

また、彼らは天皇への思いが希薄です。たとえば「天皇」は英語で「エンペラー(emperor)」で、「キング(king)」ではありません。「エンペラー」は「皇帝」とも訳されますが、世界で「エンペラー」がいるのは今、日本だけです。なぜ天皇が「エンペラー」であって「キング」ではないかを、日本の政治家たちは理解していません。

複数領域を統治していないと、エンペラー＝皇帝にならないのです。始皇帝《しこうてい》(秦《しん》)、カエサル(ローマ帝国)、ピョートル一世(ロシア帝国)、ナポレオン・ボナパルト(フランス帝国)、ヴィルヘルム一世(ドイツ帝国)……世界史上の皇帝を見ればわかります。要するに「本国(宗主国)」と同時に「外部(植民地)」をも統治するのがエンペラーであり、エンペラーを戴《いただ》く国家が「帝国」なのです。

では、今の日本にとっての「外部」とは何か。それはアイヌと沖縄です。すなわちアイヌと沖縄に関しては、特定の形態・ルールで統治する。それで日本が帝国になるわけです。

「広《ふぃる》がゆる畑《はたき》　立ちゆる城山《ぐすいくやま》　肝《ちむ》の《ぬ》しの《ぬ》ばらぬ　戦世《いくさゆ》の《ぬ》事《くとぅ》」（畑も山も島の景色は穏《おだ》やかだが、ここでの戦争のことを思うと心が張り裂けんばかりである）

これは上皇が皇太子時代に沖縄で詠んだ琉歌《りゅうか》（沖縄の短歌）です。伊江島《いえじま》に歌碑が建っています。わざわざ琉球語《りゅうきゅうご》（ウチナーグチ）を勉強して歌を自作したのは、国家統合のために必要だからでしょう。

また日本政府は、アイヌ施策推進法（アイヌの人々の誇りが尊重される社会を実現するための施策の推進に関する法律。二〇一九年五月施行）でアイヌ民族を「先住民族」と認めました。これもアイヌを異質な集団と規定したうえでの国家統合が目的です。

したがって、もし新自由主義的な競争を強化し、フラットな単一国家にするということになった場合、民族も天皇制も崩れていきます。しかし保守を名乗る政治家すら、こうしたことに関心がない。それどころか、関心のあるふりすらしません。

第三章

岸田政権が壊したもの

安倍長期政権の正体――山口

岸田文雄さんは二〇二一年一〇月四日、第一〇〇代首相に就任しました。岸田政権とはいかなるものか。それを考察するには、安倍晋三政権について見る必要があります。

安倍さんは二〇〇六年九月、第九〇代首相に就任しました。第一次安倍内閣が始まりますが、病気（潰瘍《かいよう》性《せい》大腸炎）を理由に一年で退陣します（二〇〇七年九月二六日）。しかし五年後の二〇一二年一二月に返り咲き、以後、第二次（〜二〇一四年一二月）、第三次（〜二〇一七年一一月）、第四次（〜二〇二〇年九月）と長期政権を築きました。首相の連続在職日数は第二次から第四次まで二八二二日、第一次を含めると三一八八日となり、連続と通算在職、どちらも憲政史上、最長です。

私は国会正門前での安保法制反対集会で、安倍さんを「たたき斬《き》ってやる！」と演説したり（二〇一五年八月三〇日）、佐藤さんにもご協力いただいた対談集（『安倍晋三が〈日本〉を壊す――この国のかたちとは』青灯社）を上梓したりするなど、安倍政権への反対運動を行ないました。

その私が今、冷静な目で見ると、安倍政権が史上最長になった事実には理由があったと思わざるを得ません。

アベノミクスをはじめとする安倍政権時代に始まった政治の転換は、社会の意識の転換と同時並行しています。内閣府による「社会意識に関する世論調査」を見ると、二〇一〇年代の前半、すなわち第二次安倍内閣発足と軌《き》を一《いつ》にするかのように、社会に大きな転機が訪れたことがわかります。

たとえば「社会全体の満足度」という項目で「満足している」と答えた人が、二〇一三年二月の調査では五三・四％になり、前年の四四・四％を上回りました。また「国を愛する気持ちの程度」では「強い」が五八・〇％に、「日本の誇り」のうち「治安のよさ」が五四・二％にと、これらも二〇一三年に上振《うわぶ》れしています。ちなみに「日本の誇り」の上位項目は、他に「美しい自然」「すぐれた文化や芸術」「長い歴史と伝統」などです。

全体として、現実にもとづかずに日本が良い方向に向かっていると思いたがる気持ちが強まり、危機感は低下している。この傾向は安倍政権以後、現在まで変わっていません。内閣府の統計を見るかぎり、日本の社会ではいわゆる「正常性バイアス」が強化されたと言えるでしょう。ということは、政治に対する欲求のレベルが低下しているのです。

社会の欲求水準が低下した状況で首相の座に就いた安倍さんは、とても幸運な人だと思います。二〇〇九年の政権交代で民主党政権が誕生する頃までは、社会が抱える不満が大きく、そのため「変えなければいけない」という動機で、国民は政治の転換を選択しました。小泉純一郎《こいずみじゅんいちろう》さん（第八七～八九代首相）が「自民党をぶっ壊す！」と叫んで首相になった時（二〇〇一年四月）も、社会は似た状況にありました。しかし二〇一〇年代以降は、そうした「変える・変わる」のサイクルがなくなります。

なぜ社会の政治に対する欲求・欲望が低下したのか。

国際的にはグローバル資本主義による市場経済が進み、他に選択肢がなかったと言われますが、日本の場合は二〇一一年の東日本大震災のインパクトが大きかったと思います。巨大地震と原発事故による被災を目の当《ま》たりにしたことで、日本人に、基本的な生存ができることの評価と感謝の気持ちが生まれました。先日、精神科の医師とこのテーマで議論した時に、大きな災厄を目にすると人間は否認、逃避という反応を示すと説明されました。だから政治への要求があまり膨らまなかったのでしょう。

確かに安倍さんは、呪詛《じゅそ》のように「悪夢のような」と、震災発生時に政権与党だった民主党を攻撃し、アベノミクス「三本の矢（金融政策、財政政策、成長戦略）」などの政策を打ち出しました。しかし、第二次安倍内閣がスタートした頃に、国民の政治への期待値が高くなかったという点を見過ごしてはなりません。寡欲《かよく》になった国民が安倍政権を支えたのであって、安倍政権の政策が国民を満足させたわけではないのです。

「冷戦リベラル」とは――山口

国際政治の側面では、安倍さんは自由、民主主義、法の支配を標榜する外交を展開しました。第一章で佐藤さんが言われた「価値観外交」ですね。また中国と北朝鮮を〝悪役〟に仕立て、東アジアの緊張も外交に利用しました。

二〇二二年のロシアのウクライナ侵攻（ロシア・ウクライナ戦争）以後、政治学の世界では「冷戦リベラル」という言葉が使われるようになりました。権威主義体制を批判し、前述した自由、民主主義、法の支配という価値観を前面に出して西側の結束を訴える。新しい冷戦構造の枠のなかで西側を再定義しようとする学者や政治家たちの動きを「冷戦リベラル」と呼んでいます。国防を重視するアメリカの政治思想「ネオコン（ネオ・コンサヴアティズム。新保守主義）」にすこし似ているかもしれません。

ただし、「冷戦リベラル」はけっして「政治的」ではありません。政治的とは、たとえば敵対する悪い相手でも「盗人《ぬすびと》にも三分の理《り》」と、どこかで妥協する大きな知恵を持った態度のことです。その意味において「冷戦リベラル」は反政治的であり、ネオコン的です。二項対立で妥協点がありません。だから対立が生じると、「正《せい》（自分）と邪《じゃ》（相手・敵）の戦い」のようなフレーズをすぐに持ち出します。

前述したように、安倍さんは二〇一二年に第二次政権を発足させると、価値観外交を展開しました。また、ロシア・ウクライナ戦争勃発後、西側諸国はロシアに対して、自由、民主主義を旗印に価値観外交を進めました。すると、実は安倍さんは、世界的な「冷戦リベラル」の先頭を走っていたと見ることもできます。

安倍さんに近しいジャーナリストや評論家は、彼の死後「安倍さんはアメリカやヨーロッパで高く評価されている」とする本を数多く出版しています。国際的に一定の評価を獲得し、国内的には政治への欲求が低下して不安定要素がなくなった時に権力を掌握した。安倍さんは、その二本柱で長期政権を築いたと言えます。

安倍さんがつくった大きな流れには外交・内政ともに、良くも悪くも太い柱があり、そこで生まれたシステム――「安倍的システム」とも言うべき――が今日《こんにち》も作動しています。安倍さん以後、菅義偉さん（第九九代）、岸田文雄さん（第一〇〇～一〇一代）が首相になりましたが、両政権ともそのシステムの流れに乗っている印象です。

岸田さん自身が何かの目標（ゴール）を据《す》え、それに向けて舵《かじ》を切るということが見えてこない。言うならば、岸田政権は安倍さんがつくった流れにうまく乗ったボートで、個性は感じられません。

学術会議問題は〝もらい事故〟――佐藤

私は『長期政権のあと』（祥伝社新書）で、山口さんの言われる「安倍的システム」を「首相機関」と分析しました。安倍さんは政治イニシアティブを発揮せず、政策立案を官邸の側近（官邸官僚）に任せ、安倍さん自身が「必要だ」と判断したものにだけゴーサインを出しました。安倍さんは「機関」に徹していたのです。特に後半は、この首相機関がシステムとして定着しました。つまり政治を動かしたのは、首相のリーダーシップのように見えて、実は「官邸の意思」なのです。

官邸官僚を頂点とする官僚機構は強い力を獲得し、その結果、「行政権の肥大化」を招きました。他の二権（司法権、立法権）に対して、行政権の力が相対的に高まったのです。

菅さんも首相機関を継承しました。ただし菅政権では、首相個人への権力集中が高まり、首相機関のシステム自体は弱体化します。それでも、安倍政権時代に肥大化した行政権が急に衰微《すいび》したわけではありません。官僚の発言権や「俺たちがやってやるぜ」という意欲と自信は維持されました。

その象徴的な事例が、二〇二〇年一〇月に表面化した「日本学術会議（以下、学術会議）の会員任命拒否問題」です。会員の任命権者である菅さんが、学術会議の推薦した新会員候補一〇五人のうち六人を除外したとされ、「政府による学問の自由への介入だ」と批判を浴びました。除外されたのは、加藤陽子《かとうようこ》さん（東京大学大学院教授）、芦名定道《あしなさだみち》さん（京都大学大学院教授）、宇野重規《うのしげき》さん（東京大学社会科学研究所教授）、岡田正則《おかだまさのり》さん（早稲田大学大学院教授）、小澤隆一《おざわりゅういち》さん（東京慈恵会医科大学教授）、松宮孝明《まつみやたかあき》さん（立命館大学大学院教授）の六人です（肩書は当時）。

菅さんは、「(学術会議の)総合的・俯瞰《ふかん》的な活動を確保する観点から、今回の任命について判断した」と述べましたが(内閣記者会のインタビューなど)、私の見立ては異なります。「除外リスト」の一人である歴史学者の加藤陽子さんとは、私は共著を出版したこともあるのですが、加藤さんは福田康夫《ふくだやすお》政権(二〇〇七年九月〜二〇〇八年九月)で公文書管理に関する有識者会議のメンバーを務めたり、上皇夫妻の在位中、保阪正康《ほさかまさやす》さんや半藤一利《はんどうかずとし》さんらとともに御所《ごしょ》に招かれてご進講《しんこう》したりしていました。そんな人を「除外リスト」に載《の》せるのは、あまりにも稚拙《ちせつ》です。官邸官僚の幹部がするとは考えられませんし、首相に就任してまもない菅さんが指示したとも思えません。

下位の情報官僚が、公安警察からの情報(メモ)をもとに、菅さんの知らないところで〝画策〟したのではないか。言葉は悪いですが、学知《がくち》(学徳と知識)が人生の役に立った経験を持たない下《した》っ端《ぱ》たちが、「国家の安全を守るためには、異質なものは容認できない」と「除外リスト」を作成したと私は見ています。

おそらく、彼らの本当のターゲットは六人のうちの三人——岡田さん、小澤さん、松宮さんだったのではないかと私は見ています。三人は、共産党系の「民主主義科学者協会法律部会」で理事を務めた経歴があります。それをカムフラージュするために他の三人を加えた「除外リスト」が、人事発令前にしんぶん赤旗（二〇二〇年一〇月一日）にスクープされ、騒がれるようになったのです。菅さんにとっては〝もらい事故〟のようなものです。私も情報官僚の一人でしたから、情報官僚が持つ共産党への形而上《けいじじょう》的な忌避《きひ》反応、言わば本能というものがわかります。その本能に火が点《つ》いてしまった。学術会議は、法令（日本学術会議法）にもとづいて設立され、首相が所轄する国の特別機関です。この、国の機関であることを、任務に忠実で官邸の外にいる下位の官僚が問題視したのです。

警察官僚ＯＢは、私に次のように話をしました。

「学術会議は民間団体になればいい。そうなれば政府も関心を持たない。革マル派や中核派（新左翼の党派。警察庁はどちらも「極左暴力集団」＝過激派と認定）は任意団体だ。そういう団体はたくさんあってもかまわない」

なるほど、官邸中枢は学術会議を革マル派や中核派と同じ扱いで見ているのです。民間団体になれば、政府の関与するところではなくなります。実際、政府は学術会議の組織見直しを検討し、国から独立した法人格を持つ組織に改める方針を決定しました（二〇二三年一二月二二日)。そうなると、学術会議は民間団体ではありませんが、政府機関ではなくなります。

では、国家に大きな影響を行使できるエリートグループは、岸田政権をどう見ているのでしょうか。

まず、企業一五四二社などから構成される経団連《けいだんれん》(日本経済団体連合会)の評価は「基本的に問題はない」です。ロシア・ウクライナ戦争が始まっても、産業に必要なエネルギーをなりふりかまわず確保してくれるからです。次に防衛産業ですが、こちらも「防衛力整備計画」と「防衛装備移転三原則」を改定(第一章で詳述)してくれた岸田政権を「大いにけっこう」と歓迎しています。さらに官僚群にも、特段の不満はありません。

不満を持つとすれば、派閥の解散という想定外の事態をもたらされた自民党の政治家くらいで、それ以外は公明党・創価学会を含め「大きな変化がないから、この政権でいいじゃないか」と容認しています。

宏池会幻想——山口

岸田さんが首相になった時、安倍さんに飽《あ》きた人たち、あるいは安倍さんを嫌《いや》だと思っていた人たちは、岸田さんに〝宏池会幻想〟を貼りつけ、何かが変わるのではないかと期待をした瞬間がありました。

宏池会は、吉田茂《よしだしげる》さん（第四五・第四八〜五一代首相）の系譜を継ぐ、大蔵省（現・財務省）出身の池田勇人《いけだはやと》さん（第五八〜六〇代首相）が一九五七年に結成した自民党保守本流の派閥です。以後、大平正芳《おおひらまさよし》さん（第六八〜六九代首相）、鈴木善幸《すずきぜんこう》さん（第七〇代首相）、宮澤喜一《みやざわきいち》さん（第七八代首相）、岸田さんと宰相を輩出しています。

宏池会の基本的国家路線は「軽武装・経済重視」でした。しかし、これは二〇一〇年代に入ると崩壊します。しかも一一年にわたり宏池会会長を務めた岸田さんは、裏金問題を契機に派閥を離れ（二〇二三年一二月七日）、宏池会自体の解散も決まりました（二〇二四年一月二三日）。岸田さんが「軽武装」を置き去りに、防衛費の増額を決めたことは前章で述べたとおりです。〝宏池会幻想〟は、文字どおり「幻想」のまま終わったのです。

宏池会の基本路線のひとつ「経済重視」に関して、池田内閣は一九六〇年に、一〇年間で国民の所得を二倍にする「国民所得倍増計画」を掲げました。農工業の生産力向上、輸出増による外貨獲得、インフラ（道路、鉄道、港湾）整備のための公共事業推進などが具体的な経済政策の柱です。そののち、東京オリンピック（一九六四年）特需などもあり、日本が高度経済成長期を迎えたのは周知のとおりです。経済成長が担保されることで、宏池会路線は国民の支持を得ました。

もうひとつの「軽武装」では、日本は日米同盟を堅持《けんじ》し、国際社会において軍事面で突出することなく、ひたすら低姿勢で行動する。国内では自衛隊も重装備をせずに専守防衛に徹する――この路線が太平洋戦争を経験した世代に支持されたのです。

しかし、時間の経過とともに、宏池会路線の効力は減摩《げんま》していきました。バブル崩壊後の一九九〇年代以降、日本人の平均年収はほぼ横ばいですが（国税庁「民間給与実態調査」）、国民負担率（租税負担と社会保障費負担）と消費者物価が上がっていますから、実質的な所得はマイナスです。

小泉純一郎さんと竹中平蔵《たけなかへいぞう》さん（経済学者。第一次～第三次小泉内閣で金融担当大臣・経済財政政策担当大臣・総務大臣）に象徴される新自由主義は、国民の間に格差を生じさせました。もっとも、竹中さん本人は、私との対談（「中央公論」二〇〇八年一一月号）で「私のどこが新自由主義者なのか」と否定していましたが（笑）。

また人口比率を見ると、戦後生まれの人口は、バブル景気に沸《わ》いていた一九八七年に全体の六割、二〇一四年には八割を超えました。すなわち戦争を知らない世代が圧倒的に増え、宏池会を支えた戦争体験者が減り続けたのです。

さらに言えば、一九九七年に横田《よこた》めぐみさんの拉致《らち》事件が発覚し、被害者の家族会（北朝鮮による拉致被害者家族連絡会）が結成されます。時を同じくするかのように、中国は経済的・軍事的に膨張していきます。こうした北朝鮮と中国の脅威という現実が出てくるなかで、日本は戦後はじめて〝被害者〟の立場に回りました。日本政府は一七人の拉致被害者を認定し、中国に対しては「経済力と軍事力で日本が圧迫されている」と、被害者意識を持つようになりました。

安倍政権は、この被害者意識を内政・外交に利用しましたが、それはまさしく宏池会路線を支えた前提条件が崩壊したことの裏返しだったのです。

安倍さん自身にも、被害者意識は内包されていたと思います。安倍さんは、祖父であり第五六～五七代首相を務めた岸信介《きしのぶすけ》さん以来の、右派ナショナリズムの後継者ではあるけれども、彼が折に触れて述べたように、戦後において「まっとうな保守」が抑圧・迫害されてきたとする感覚を持ち続けていたのでしょう。

疑似的冷戦構造——山口

ロシア・ウクライナ戦争に続き、二〇二三年一〇月七日、イスラエルとハマス（イスラム原理主義の武装組織）との間で戦闘が始まりました。このような具体的な軍事紛争をめぐり、かつての東西冷戦時代になされた議論の枠組みを再構築するのも「冷戦リベラル」の動きです。今は、日本でもアメリカでもヨーロッパでも、言わば「疑似的冷戦構造」が議論されているのです。

特に西ヨーロッパでは、伝統的な西洋文明と異質な文明、すなわち「キリスト教 vs. イスラム教」という対立が構造化されました。こうした対立構図を日本国内に置き換えると、ひとつに「伝統的家族像 vs. 女性の権利を含めたジェンダー平等」があります。ここに、自民党は新たな争点を求めました。

前章で述べたように、東西冷戦が終結して一〇年が経過した一九九〇年代末頃から、自民党は歴史修正主義や伝統的家族主義を新たな政治的争点に組み込みました。これは安倍さんの手腕でもあるのですが、バックラッシュ（揺り戻し、反動）を進めていった結果、右派ナショナリストを勢いづけて、安倍政権は支持を集めたわけです。安倍さんの周囲に右派的な人たちが結集しました。冷戦構造の再構築という意味では、それが奏功《そうこう》した。安倍さんは、言わば疑似的冷戦構造をつくったのです。

その点で、岸田さんは宏池会の会長ではありましたが、安倍さんがつくった疑似的冷戦構造に関して個人的な考えを何ひとつ言っていません。

たとえば二〇二三年八月三〇日、松野博一官房長官（当時）が記者会見で、関東大震災時に起きた朝鮮人虐殺について「政府として調査した限り、政府内において事実関係を把握することの出来る記録が見当たらない」と述べました。その後の参議院内閣委員会（一一月九日）でも松野さんは同じ答弁を繰り返しましたが、岸田さんは「特定の民族や国籍の方々を排斥する不当な差別的言動は許されない」（一一月二九日、参議院予算委員会での答弁）と抽象的な答弁をしただけで、松野さんの政府見解を引っ込めることはありませんでした。

朝鮮人虐殺に対する日本政府の見解という問題が、国際的にどう評価され、どんな反応を呼ぶのかを首相が深く考えていない。私は疑問に思いました。それこそ学術会議問題で「除外リスト」に載せられた加藤陽子さんらの本をきちんと読んでいれば、このような答弁はしないはずです。佐藤さんの言われる「学知」に縁がないと言うか、無関心なのかもしれません。

私は、前章で「かつての宏池会の政治家は読書量も教養も豊かだった」と述べましたが、宏池会に象徴される知的で穏健な保守政治家の層が薄くなったことを感じます。その意味で岸田さんは、今の自民党そのものです。

岸田さんは自民党総裁選（二〇二一年九月二九日）に出馬した際、「新しい資本主義」を経済政策の看板に掲げました。池田勇人さんの「所得倍増」を意識したような宏池会的なメッセージです。しかし中身がありません。必死にアピールしているのは新ＮＩＳＡですが、これは所得倍増ではなく資産所得を増やすこと——国民に「株式投資や投資信託で得られた利益を非課税にしますから、どんどん投資してください」とする制度設計です。

新NISAは、若年層を中心にそれなりにヒットしているようですが、投資を経済政策の売りにするというのは、岸田政権が深く考えずに、流れのなかで政策を打ち出した感が否《いな》めません。株価が逆回転を始めたら、国民は政府を恨《うら》むかもしれません。

消去法で選ばれた岸田文雄総裁——佐藤

二〇二一年の総裁選に立候補したのは、岸田さん、高市早苗《たかいちさなえ》元総務大臣、河野太郎《こうのたろう》規制改革担当大臣、野田聖子《のだせいこ》幹事長代行の四人です（肩書は当時）。総裁選は、国会議員票（三八二票）と党員・党友票（三八二票）の計七六四票で争われました。

この時、石破茂《いしばしげる》さん（元幹事長）は、小泉進次郎《しんじろう》さん（安倍・菅内閣で環境大臣）とともに河野さんを支援しました。いわゆる「小石河《こいしかわ》連合」です。しかし、党の重鎮である安倍さんや麻生太郎さんは、石破さんを嫌っていました。特に安倍さんは、第一次内閣時代に参院選（第二一回参議院議員通常選挙。二〇〇七年七月二九日投開票）で歴史的大敗を喫した際、石破さんに退陣を迫られましたから、根深いルサンチマン（怨恨、遺恨）を抱いていたでしょう。

だから総裁選では、「石破と連携していなければ誰でもいい」と安倍さんたちは考えたのではないか。つまり消去法です。当事者たちにとっては深刻な話ですが、国家・国民とはまったく関係のない次元で党内抗争が繰り広げられました。その抗争の結果が、岸田総裁を生み出したのだと思います。

安倍さんは当初、高市さんを推《お》していました。ただ、高市さんの支持勢力すなわち組織票は、佛所護念会教団《ぶつしょごねんかいきょうだん》（法華《ほっけ》系の新宗教。会員数は約九六万人／文化庁『宗教年鑑』）と隊友会《たいゆうかい》（自衛官のOB組織。会員数は正会員と賛助会員合計で約一二万人）くらいしかありません。ここは高市さんに一定期間、力を蓄《たくわ》えてもらい、彼女の持つ票を岸田さんに回す。

そうすることで、安倍さんは自分の影響力を保全したのです。

岸田さんはコロナ禍の時に党の政調会長（政務調査会長。二〇一七年八月～二〇二〇年九月）でしたが、給付金をめぐり失敗します。限定的に住民税非課税世帯へ三〇万円を給付するという案をまとめ、閣議決定まで通したものの、公明党の反対で一律一〇万円となりメンツを潰されました。

また河井案里《かわいあんり》さんが公職選挙法違反で失脚（二〇二一年二月五日、有罪確定で当選無効）

したあとの再選挙（参議院広島選挙区再選挙。二〇二一年四月二五日投開票）では、岸田さんは自民党広島県連会長として選挙を仕切りました。しかし擁立した新人候補の西田英範《にしだひでのり》さんが、野党の推す宮口治子《みやぐちはるこ》さん（立憲民主党・国民民主党・社民党推薦）に敗れてしまいます。岸田さんは自民党支持者を前に「心からお詫《わ》びする」と頭を下げました。

率直に言えば、永田町では、岸田さんを〝終わった政治家〟とする見方が標準的でした。にもかかわらず、彼が総理総裁になれたのは、やはり安倍さんの権謀術数《けんぼうじゅっすう》の賜物《たまもの》なのだと思います。

派閥の効用——佐藤

岸田さんが総理総裁になって、もっとも変わったのは、派閥のありようです。派閥の解散が決まる前から、すでに自民党の派閥は変質していたのです。派閥がなくなれば、総裁選も党内でのポピュリズム選挙になるでしょう。

山口さんも言われたように、派閥には弊害ばかりでなく、効用もあります。

一九九四年だったと記憶していますが、私がモスクワの日本大使館に勤務していた時、政治学者の佐藤《さとう》誠三郎《せいざぶろう》さん（東京大学名誉教授。大平正芳内閣［一九七八～一九八〇年］・中《なか》曽根《そね》康弘《やすひろ》内閣［一九八二～一九八七年］のブレーンと言われる）が来訪され、当時の渡邉《わたなべ》幸治《こうじ》大使と一緒に食事をしたことがあります。その席で、派閥や日本の政局が話題になり、渡邉大使は佐藤さんにこう尋ねたのです。

「橋本《はしもと》龍《りゅう》太郎《たろう》さん（第八二～八三代首相）は、次の総理総裁になりますか？」

佐藤さんは即答しました。

「本人以外の全員が反対するでしょう」

私は、この言葉が非常に印象に残っています。当時の橋本さんは国民の人気は高かったですが、派閥の長ではありませんでした（二〇〇〇年に平成研の会長）。要するに——派閥の長になれないような人物は人間性に問題がある。そんな人が総裁選に出ても応援する人はいないよ——と、佐藤さんは言ったわけです。

派閥とは、政党という中間団体のなかの第二次中間団体です。そこで日常的に他者と接することによって、個々の人間性、リーダーシップ、見識、国家観などがわかってくる。また、派閥の長になる人は、長たるべき素養を備えていることが多い。

ですから、派閥内で政治家同士、切磋琢磨《せっさたくま》することは政治家にとって必ずしもマイナス面ばかりでなく、効用もあると思います。

派閥の脱個性化——山口

自民党の派閥は変質しました。岸田さんは、そのシンボルのような存在です。一言で表すと、「脱個性化」です。

かつての派閥は、総理総裁になりたいボスが一族郎党《いちぞくろうとう》を集めてつくった「軍団」でした。軍団を維持するには子分に配るカネが必要ですから、ボスには集金能力が求められました。この構図は「三角大福《さんかくだいふく》」＝三木武夫《みきたけお》（第六六代首相）・田中角栄《たなかかくえい》（田中眞紀子《まきこ》元外相の父、第六四〜六五代首相）・大平正芳・福田赳夫《たけお》（福田康夫元首相の父、第六七代首相）や「安竹《あんちく》宮《みや》」＝安倍晋太郎《しんたろう》（安倍晋三元首相の父、中曽根内閣で外務大臣）・竹下登・宮澤喜一、そして渡辺美智雄《わたなべみちお》さん（宮澤内閣で副首相・外務大臣）くらいまで存続しました。

今は、このような「上から下へ」のカネの流れ・配分ではありません。政治資金パーティ券を売りさばき、上納させるのですから、マルチビジネスのようです。軍団としての派閥は崩壊しました。特に小泉政権以降、派閥は意味を失っていきました。

佐藤さんから橋本龍太郎さんの話が出たので、当時の政局を確認しておきましょう。

一九九五年九月二二日の自民党総裁選では、一九九三年から総裁だった河野洋平《ようへい》さん（河野太郎デジタル相の父）が立候補を断念。小渕派（現・平成研）が橋本さんを担《かつ》いで総裁にしました。河野さんは自社さ連立政権（後述）で副首相・外務大臣、橋本さんは通産大臣（通商産業大臣、現・経済産業大臣）です。

一九九三年から一九九六年にかけて、日本の政局は激しく流動化しました。まず一九九三年八月、不信任案を受けた宮澤喜一内閣が退陣し、日本新党代表の細川護熙《ほそかわもりひろ》さん（第七九代首相）を首班とする連立政権（日本新党、社会党、新生党、公明党、民社党、新党さきがけ、社会民主連合、民主改革連合）が発足します。五五年体制を築いた自民党は、三八年ぶりに野党になりました。

しかし細川内閣は、わずか一〇カ月後の一九九四年四月に総辞職。次いで新生党党首の羽田孜《はたつとむ》さんが第八〇代首相に指名されて組閣しますが、社会党（一九九六年一月から社会民主党＝社民党）が連立から離脱したことで、こちらも二カ月あまりで退陣（六月三〇日）

しました。そして誕生したのが、前述の自民党、社会党、新党さきがけによる、自社さ連立政権です。首相（第八一代）には社会党委員長の村山富市《むらやまとみいち》さんが就きました。村山内閣の発足で、自民党は政権与党に戻ります。

村山内閣では、「主要閣僚を自民党から出してもらわなければ政権を維持できない」という判断が働きました。そこで、河野さんが外務大臣、橋本さんが通産大臣になったのです。他に自民党からは、前田勲男《まえだいさお》さん（法務大臣）、与謝野馨《よさのかおる》さん（文部大臣）、大河原太一郎《おおがわらたいちろう》さん（農林水産大臣）、亀井静香《かめいしずか》さん（運輸大臣）、野中広務さん（自治大臣）らが入閣しました。

ところが、その村山さんも、首相就任から一年半で内閣総辞職を表明します（一九九六年一月五日）。この時の記者会見で、村山さんは次のようなことを述べました。

「ある意味では、事件や事故に追いまくられてきた一年でもあったというふうに言っても過言でないような年であったと私は思います」

村山さんの言う「事件や事故」とは、阪神《はんしん》・淡路《あわじ》大震災（一九九五年一月一七日）、オウム真理教による地下鉄サリン事件（同三月二〇日）、沖縄県でのアメリカ海兵隊員による少女暴行事件（同九月四日）、高速増殖炉「もんじゅ」のナトリウム漏洩事故（同一二月八日）などを指します。

こうした危機対応の不備だけが退陣の理由ではありませんが、いずれにせよ村山さんは政権を放り出し、「じゃあ、次は橋本で」と自社さ三党が協議し、自民党総裁の橋本さんを首班とする政権ができたのです。流動化する政局のなかで、国民受けする人、テレビ映りのいい人を総理総裁にしようとする自民党の思惑がありました。すなわちポピュリズムです。本来の自民党のルールではありえないことでした。

小泉純一郎さんは、その延長線上にいます。二〇〇〇年四月、小渕恵三さんが脳梗塞《のうこうそく》で倒れると森喜朗さんが首相になりましたが、あまりにも不人気で支持率は八・六％（「読売新聞」世論調査）にまで落ち込みました。だから国民的人気があり、田中眞紀子さんの大衆扇動的とも言うべき応援演説も受けた小泉さんが首相に選ばれたのだと思います。

以上の文脈から言えるのは、派閥を固めて仲間を増やし、他派閥とも交渉しながら同盟を組んで総裁選に臨むという自民党内の典型的な戦い方は、二〇世紀の終わりとともに終焉したのです。一九九八年七月二四日の総裁選で小渕さん、小泉さん、梶山静六さんの三人が熾烈《しれつ》な戦いを繰り広げましたが、それが最後だったでしょう。

個々の政治家から見れば、数百人の議員が集まる自民党にあって、いきなり「おまえ一人で何かやれ」と命じられても困ります。やはり適当なサイズの中間集団すなわち派閥に所属する必要があるわけです。そして副大臣、党副幹事長、国会対策委員会委員長代理などのポストを回してもらい、政治家としての勉強をする。だから派閥には、学校における学級のような機能があります。

ただ「学級」に所属して、ポストを与えてもらったり、選挙の時に有名人に応援に来てもらったりするためには、当然その対価を支払わなければなりません。それが二一世紀になって始まったと言われる、パーティ券収入の上納システムに繋がったのでしょう。

岸田さんは、宏池会という学級の委員長ではありましたが、いきなり生徒会長になってしまいました。とはいえ、「軍団」のボスが「大親分」になったわけではありません。前述したとおり、派閥という軍団の個性が失われた「脱個性化」のシンボルです。

今の派閥は、二つの面――政治闘争と、政策思想・理念において個性がありません。さらに言うなら「軽質化」です。ライトになりました。各派閥が解散の方針を表明しましたが、それでもライトな〝派閥のようなもの〟は残るでしょう。

「岸田おろし」は起きない――佐藤

岸田さんの党内における状況を分析すると、「やりやすい」のだと思います。

なぜなら、最大派閥で自分にもっともうるさかった清和会（安倍派）と、二階さん率《ひき》いる志帥会が、政治資金規正法違反容疑で東京地検の強制捜査を受け（二〇二三年一二月一九日）、それぞれの会計責任者が在宅起訴されたからです。その後、清和会の会計責任者兼事務局長だった松本淳一郎《まつもとじゅんいちろう》被告は、初公判（五月一〇日）で起訴内容を認めています。岸田さんにとっては、面倒くさい存在を検察が掃除してくれたようなものです。

さらに小渕優子《ゆうこ》さん（党選挙対策委員長）と青木一彦《あおきかずひこ》さん（党参議院副幹事長。青木幹雄《みきお》元内閣官房長官の長男）は、所属する平成研（茂木派）を退会しました。この事態は茂木さんの人間性が疑われるレベルにまでなりました。だから岸田さんは「やりやすくてしょうがない」でしょう。

支持率の低さは、それほど岸田政権を脅《おびや》かす要因にはならないと思います。かつては支持率が三〇%を切ると政権の「危険水域」と言われましたが、それは代わり得る人材が党内にいたからです。

　たとえば、三木武夫さんが首相退陣に追い込まれた「三木おろし」の時（一九七五〜一九七六年）は、派閥の領袖である福田赳夫副首相と大平正芳蔵相が話し合い（大福《だいふく》密約）、福田さんを次の総理総裁に、その二年後に大平さんを、とするレールが敷《し》かれました。それほど、当時は党内に実力者がいて、派閥抗争・倒閣運動が激しかったのです。

　しかし今は、前述したとおり岸田さんにとって「面倒くさい」存在が次々といなくなりました。したがって「岸田おろし」は起きません。

　すると岸田さんが、低支持率のまま長期政権を維持し、そこに権威・権力が付与されるというシナリオも想定されますが、必ずしも「長期政権＝権威」とはかぎりません。

　ロシアのボリス・エリツィン（ロシア連邦の初代大統領）の例を挙げましょう。

　一九九六年六月一六日、エリツィンの任期満了にともない、大統領選挙が行なわれました。一一人が立候補しましたが、過半数に届く候補者がいなかったため、憲法の規定でエリツィンとゲンナジー・ジュガーノフ（ロシア連邦共産党委員長）との決選投票（七月三日）が実施されました。その結果、エリツィンが勝って二期目を迎えました。

実は、同年一月の世論調査では、エリツィンの支持率は四％でした。モスクワにいた私は驚いて、エリツィンの選挙対策本部副長官ボルコフに会いに大統領府まで行きました。以下、その時のやり取りを再現してみます。

「サトウ、君はこんな世論調査の結果を信じているのか？」

「えっ。実態は異なるのですか？」

「大統領府で調査したら、エリツィンの支持率は二％だ」

「……」

「これで大丈夫だ。エリツィンの再選の目が出てきた」

「どういうことですか。理屈がよくわかりません」

「エリツィンと距離を置いていた民主派や金融資本家、ジャーナリストたちは、みんな戻ってくるよ。エリツィンの支持率が二％ということは、現実的にジュガーノフが当選する可能性が出てきた。だが、ジュガーノフは心の底からスターリンを尊敬している。スターリンは反対派を大粛清《だいしゆくせい》しただろう。だからジュガーノフが当選すれば、俺を含めて、今言った連中は反革命罪か何かで全員が縛《しば》り首《くび》だぜ。みんな命が大切だ。縛り首にならないために、全員が手弁当でエリツィンを応援する。だから、再選の可能性が出てきたのだ」

ご承知のように、エリツィンはロシア経済の資本主義化を進めました。いっぽうのジュガーノフは共産主義者です。つまりボルコフはエリツィンの低支持率を逆用し、大統領選挙の争点を、エリツィン体制を維持するのか、エリツィン以前の共産主義に戻すのかという体制選択に求めたのです。

実際にエリツィンは勝ちました。しかし、権威はついてきませんでした。なにしろ、エリツィンが「私は大統領を辞任する」と、泣きながらテレビ演説した時（一九九九年一二月三一日）、ロシア国民は「早く辞めてくれて本当によかった」とシャンパンで乾杯したほどですから。

もはや自民党ではない⁉——佐藤

自民党の総裁選に話を戻します。

今の自民党で総裁選に出馬するのは、途方もなく高いハードルです。立候補には党所属の国会議員二〇人の推薦が必要であり、派閥が解消された（上辺《うわべ》だけかもしれませんが）今、それはきわめて困難です。また、権力者は自分に歯向かってきた者を許しませんから、立候補するなら、全員が殺される覚悟で二〇人を集めなければならないのです。

はたして、特定の政治家を送り出すために「死んでもいい」と腹を括《くく》れる政治家が今の自民党に何人いるのか。

山口さんが言われた「軍団」――昔の派閥は、まさに死ぬ覚悟で集まり、鉄の結束を誇りました。しかし、直接的な人間関係が希薄になると同時に、ボスが養《やしな》ってくれるシステムが崩れれば、軍団の結束には綻《ほころ》びが生じます。

一昔前《ひとむかしまえ》は、システムから外れた場合の保障がありました。政治家を引退しても、軍団のボスが骨を拾ってくれる。たとえば民間企業の顧問のポストを斡旋《あっせん》して、年収五〇〇万～六〇〇万円を確保してくれたのです。しかし、今はそれをできる政治家がいません。するとシステムから弾き飛ばされた人は路頭に迷います。今の政治家たちはこのことをわかっていますから、蓄財に走ります。歳費《さいひ》を貯《た》め込むのです。パーティ券収入のキックバックをガメるのも同列の話です。

二〇〇六年まで、国会議員には年金（国会議員互助年金。一九五八年から）があり、最低でも年額四一二万円を受給できました。しかし国民年金、厚生年金と乖離《かいり》しているなどと批判され、小泉政権時代に廃止に至ります。私は、この制度に特段の問題があったとは思いません。議員が納付する保険料は年間約一二六万円で、国民年金の八倍でしたから。

政治家を安値で買い叩《たた》くと、仕事をしなくなります。それに政治家も人間ですから、自分の生活を守らなければなりません。ボスが養ってくれず、年金も受け取れないのなら、自分で貯金するしかなくなるのです。

このように、政治家個人が変質すれば、派閥と自民党が変質するのも無理はありません。前章で山口さんが指摘された能登半島地震の対応が物語っています。震災から一カ月以上過ぎたある日、ニュース番組を見ていたら、被災地では電気、ガス、水道の復旧がまるで進んでいませんでした。過去の災害対応に比べ、非常に政府の動きが鈍《にぶ》いのです。

たとえば、農家の人が、飼育する牛に飲ませる水を川に汲《く》みに行っていました。なぜ給水車がルーティンで来る体制が整っていないのか。おまけに車載型の大型自家発電機も来ていません。ボランティアの人たちがいるエリアだけは一定の対応ができていましたが、それ以外の区域は手つかずです。これで、首都直下型地震や南海《なんかい》トラフ地震が起きたら、本当に対応できるのでしょうか。

東日本大震災から一三年が経《た》ちました。この一三年間で日本の防災対策は考えられないほど衰《おとろ》えました。この衰えは、岸田政権だからというわけではありません。構造的な問題です。ただし、岸田さんが首相としてリーダーシップを発揮して復旧に総力を挙げれば、給水車も発電機も三日で能登に入れられたはずです。

自民党政治の劣化が図《はか》らずも露呈しました。今の自民党は、看板だけは「自由民主党」のままですが、もはや自民党ではありません。

衆議院解散を匂わせた真意――山口

岸田さんはかねてから、首相になってやりたいことは「人事」と言っていました。

首相就任（第一次岸田政権）から一〇日後に衆議院を解散し（二〇二一年一〇月一四日）、総選挙で自公が勝って第二次政権が始まります（一一月一〇日～）。この第二次政権において二回の内閣改造（二〇二二年八月一〇日・二〇二三年九月一三日）が行なわれました。また裏金問題を受けて、四人の閣僚を交代させています（一二月一四日）。

　こうして見ると、本人の言葉どおり、人事に関心があるように思えなくもありませんが、どれほど自分で考えているのかは疑問です。松野博一さん→林芳正《はやしよしまさ》さん（官房長官）、西村康稔さん→齋藤健《さいとうけん》さん（経済産業大臣）、鈴木淳司さん→松本剛明《まつもとたけあき》さん（総務大臣）、宮下一郎さん→坂本哲志《さかもとてつし》さん（農林水産大臣）、この交代人事は例外としても、基本的には派閥推薦で順繰《じゅんぐ》りの閣僚人事です。

　やはり「脱個性化」がキーワードのようで、岸田カラーを出そうとする意欲が伝わってきません。それはたぶん自分の政策テーマがなく、権力維持が目的だからでしょう。政権安定のためにはなるべくみんなを満足させたい。特に世話になった派閥を喜ばせるという「結果」が必要でした。

　強いて言うなら、岸田さんが独自色を出し、これまでの首相にないことを行なったのは衆議院解散をめぐる動きです。衆議院解散は首相の専権事項だというのが従来の政治の常識です。安倍さんは恣意的に解散権を行使し、党利党略で総選挙に打って出ることで権力を増強しましたが、岸田さんの場合はそうした強権発動ではなく、解散の〝匂《にお》わせ〟です。

たとえば二〇二三年六月一三日、通常国会の会期末を控えて解散の可能性を記者会見で問われた岸田さんは、こう答えました。

「会期末間近《まぢか》になって、いろんな動きがあることは見込まれる。情勢をよく見きわめたい」

その前後でも、岸田さんの周辺から「首相の頭のなかには、常に『解散』がある」など報道を通じて解散を匂わせる動きがありました。岸田さん自身は「今は（解散を）考えていない」（五月二二日、一〇月二三日）と言いましたが、これでは「解散をする。いや、するかもしれない。いや、やっぱりしない」と重心が定まりません。だから岸田さんという人は〝決断できない首相〟と見られてしまうのです。

顕教と密教──佐藤

岸田政権の政策を別の角度から見ると、ＬＧＢＴ法がひとつの争点になると思います。安全保障政策や経済政策ではなく、ジェンダー政策で政権がどういう思想を表明するのかということです。

雑誌「月刊Ｈａｎａｄａ」や「月刊ＷｉＬＬ」は安倍さんを礼賛《らいさん》するいっぽう、岸田政権によるＬＧＢＴ法にはきわめて批判的です。たとえば「ＬＧＢＴ法案で自民党は死んだ」（「月刊Ｈａｎａｄａ」二〇二三年八月号）、「日本を歪《ゆが》めるＬＧＢＴ法案」（「月刊ＷｉＬＬ」二〇二三年七月号）など。

安倍さんを支持していた層は、ＬＧＢＴ法の成立（二〇二三年六月一六日）で、「もう自民党に愛想《あいそ》が尽《つ》きた」と声を上げました。それが、日本保守党の生まれるひとつの理由でもあったわけです。もし安倍さんが銃弾に斃《たお》れていなければ、ＬＧＢＴ法は名称も含めて変わっていた可能性があります。

しかし私は、もうすこし突き放して見るべきだと思います。フランスの歴史人口学者エマニュエル・トッドのように、人口動態や家族類型からＬＧＢＴを分析することが重要です。

ＬＧＢＴが生まれる背景にあるのはアングロサクソン型の家族です。トッドに言わせれば、これは非常に原始的なシステムであって、日本のような直系家族システムにはなじまない。こうした家族類型の底流にあるものを、反ＬＧＢＴを主張する人たちはうまくとらえていると思います。

ただ、ＬＧＢＴを推進する政治家たちの理屈の組み立て方が粗野であることは否定できません。表面上は、誰もが賛成する「性の多様性」を謳っていますが、裏側――見えない部分では従来型の家父長制《かふちょうせい》的な価値観で動いている。この表と裏を仏教における顕教《けんぎょう》（言葉・文字で説かれた教え）と密教《みっきょう》（人間の理性では把握できない秘密の教え）になぞらえるならば、顕密の両方を合わせ見るリアリズムが必要です。

それは政治の世界でも同様です。裏金問題を例に挙げると、「顕」の部分は「パーティ券収入のノルマ超過分を裏金でキックバックするなんてとんでもない」です。ところが「密」の部分では、有権者が「飲み食いさせろ」と集《たか》ってくる現実があります。時にはキャバクラで接待しなければならない。しかし政治資金収支報告書に「キャバクラ代」とは書けませんから、裏金で処理する。光と影のように、表があれば裏もあるということです。

家産制国家への逆行――山口

顕教と密教、非常に興味深い観点ですね。私は、本章でたびたび「冷戦リベラル」について述べましたが、これはまさに顕教の世界です。

日本は西側陣営にあり、自由、民主主義、法の支配、人権を普遍的価値とする冷戦リベラル＝顕教の価値観外交をせざるを得ません。いっぽうで自民党政治家の本音、すなわち密教のレベルでは、家族や性の秩序を伝統的なものにしたいという指向性が横たわっています。するとLGBT法は、伝統的な性秩序を指向する密教的な動きに逆行することになりますが、これは経済界からの要請に応《こた》え、自民党が踏み込んだということでしょう。

グローバリゼーションが進み、ビジネスでもアートでも先端分野で優秀な人材を確保しようとすれば、そこには当然、レズビアン、ゲイ、バイセクシャル、トランスジェンダーの人たちがいるわけですから、その構図に自民党が適応した。密教のレベルでは岸田さんの柔軟さが発露《はつろ》したと見ることができるかもしれません。

では、顕教すなわち冷戦リベラルはどうなのか。

私には、日本はアメリカの敷いたレールの上で、表向きの冷戦リベラルをやっているとしか思えません。冷戦リベラルはアメリカが主導しています。だから、その定義に「平和」が入っていないのです。アメリカは自由、民主主義、法の支配のためには、犠牲者が出ることもやむを得ないという考え方で戦争をします。

戦後日本の文脈で述べるならば、リベラリズムには当然「平和」が入るべきです。「安倍さんは冷戦リベラルの先頭を走っていた」と前述しましたが、けっして肯定的な評価ではありません。私は日本の、表向きの冷戦リベラルに危うさを感じています。

安倍さんに関して付け加えます。私は『長期政権のあと』で「家産制《かさんせい》国家」について言及し、「権力者の公《おおやけ》と私《わたくし》が融合している国家」と定義しました。日本は安倍晋三という王のもと家産制国家に逆行し、官僚は王に従属する家来だとも述べました。安倍政権時代に浮上した、非常に困った問題です。

家産制国家とは何か、あらためて説明しましょう。

共同体（国家）の規模が拡大していくと、支配者は支配を効率化するために官僚や軍隊を備えるようになり、この力を背景として、被支配者をある程度まで恣意的に支配できるようになりました。これが家産制です。そして支配者である家長・国王は伝統的な権威に制約されつつも、そこから逸脱しない範囲においては、みずからを国家・人民全体の家父長（「国父《こくふ》」）として脚色し、みずからに忠実な官僚・軍隊組織を介在させて恣意的に支配します。これが可能な体制のことです。

つまり、政治家と官僚が主君と家臣の関係になります。主君（政治家）は権力を私物化して、友だちに便宜を図ることもできるのです。

プーチン大統領と岸田首相の共通性──佐藤

山口さんが言われた自民党政治家の本音（密教）部分の「伝統的家族や性の秩序への指向性」について、私はロシアのウラジーミル・プーチン大統領の「新年の辞」を想起しました。

そのことを述べる前に、一冊の小説を紹介しなければなりません。北朝鮮の作家ペク・ナムリョン（白南龍）が書いた『友』（小学館）です。これは離婚訴訟を扱った作品なのですが、そのなかにある判事の言葉を引用しましょう。


男女が恋愛して結婚するのは自由です。しかし家庭を成すのであれば法的機関に登録しなければなりません。家庭の形成は法が保証します。それは家庭が国家の生活単位だからです。この国家の単位が破壊されることを簡単に考えることができるでしょうか。離婚問題は夫婦関係を断ち切ってしまうか、そのままにするかという些細な問題や、行政実務的な問題ではありません。社会の細胞である家庭の運命と、ひいては社会という大家族の強固さとも関わってくる政治的な問題です。そのために我々裁判所は離婚問題は慎重に扱うのです。

（ペク・ナムリョン著、和田とも美訳『友』）

私は「安倍さんの価値観と一緒だ」と思いました。そしてプーチンの新年の辞を読み、ハタとプーチンは北朝鮮の影響を受けているのではないかとも思ったのです。

ロシアでは大晦日《おおみそか》の晩、日付変更の直前に、国家最高指導者（ソ連時代は共産党書記長、現在は大統領）がテレビで国民に向けた「新年の辞」を述べることが慣習になっています。プーチンは二〇二三年一二月三一日、次のように述べました。

来たる二〇二四年は、わが国では「家族の年」とされています。真《しん》の大家族とは、子どもたちが成長し、両親への関心、温《あたた》かさ、気遣い、たがいへの愛と尊敬が支配する家族のことです。祖国への献身が生まれ育《はぐく》まれるのは、そのようなあらゆる世代の親族関係、家庭への愛情からです。来年は、ロシアのすべての家族に幸《さち》多かれと祈ります。結局のところ、それぞれの家族の歴史は、私たちの巨大で美しく、愛する祖国の歴史なのです。私たち全員、つまりロシアの多くの民族に属する人々が、その運命を決定し、創造しているのです。私たちはひとつの国であり、ひとつの大きな家族です。私たちは祖国の着実な発展、国民の幸福を保証し、さらに強くなります。私たちは共にいます。そして、これこそがロシアの未来を保証する最も確かなものなのです。

（ロシア大統領府ホームページより引用者訳）

プーチンは、拡大した家族としてのロシア国家という理念を持っています。これはソ連時代の国家観とは異なります。ソ連時代は、共産党が指導する国家への忠誠が最重要の価値でした。

ここからは私の仮説です。ロシアと北朝鮮が首脳会談などを繰り返し、接近している現下において、プーチンは北朝鮮の作家が描く「家族的な国家観」の影響を受け始めているのではないか。ソ連時代のシンボルは「祖国」であって「家族」ではありませんでした。家族のなかに人民の敵がいたら、祖国に通報することが美徳とされたのです。

たとえば、パヴリク・モロゾフ（一九一八〜一九三二年）というピオネール（ソ連の共産主義少年団）の少年がいました。モロゾフは一三歳の時に、大地主である父親が食物を隠《いん》匿《とく》していることを秘密警察（GPU《ゲーペーウー》）に密告して逮捕させました。翌年、彼は他の地主、農民たちに殴り殺されたのですが、ソ連政府はモロゾフ少年を新しい時代の英雄だと積極的にプロパガンダに利用しました。つまり、家族よりも共産党と祖国だったのです。

私の知るかぎり、ロシアの最高指導者が家族を国家の基幹単位とするのははじめてです。だから北朝鮮との密接な接触があり、影響を受けたのではないかと仮説を立てたのです。

なお日本では、岸田政権が二〇二三年四月一日、「こども家庭庁」を発足させました。自民党の保守派は菅政権時代の二〇二一年一月から議論を始め、当初「こども庁」だった名称に「家庭」の二文字を加えました（同年一二月）。当時の報道を引用します。

一五日午後、自民党本部七階の会議室。「こども・若者」輝く未来創造本部などの合同会議で、座長を務める加藤勝信《かとうかつのぶ》・前官房長官がこう理解を求めた。「子どもは家庭を基盤に成長する。こどもまんなか政策を表現しつつ、『こども家庭庁』とさせてほしい」（中略）参院のベテラン議員は「子どもは家庭でお母さんが育てるもの。『家庭』の文字が入るのは当然だ」と言う。

（「朝日新聞デジタル」二〇二一年一二月二〇日）

このような自民党保守派の主張は、プーチンの家族観に近いことがわかるでしょう。二〇二二年六月一五日、「こども家庭庁設置法」は第二次岸田政権で成立しました。岸田政権は、家庭への国家介入という、それまでの自民党が踏み込まなかったことに踏み込んだのです。

第四章

自民党の本質

自民党の誕生――山口

本章では自民党の歴史を追うことで、その本質に迫りたいと思います。第二章で述べたとおり、自民党は一九五五年の保守合同で誕生しましたが、結党までの前史を簡単におさらいしておきましょう。

保守政治の連続性という観点で考えると、自民党の出発点は、吉田茂さん（第四五・四八～五一代首相）が率いた日本自由党（のちに自由党）に遡《さかのぼ》ります。一九四六年五月、占領下の日本で吉田さんは、占領軍（GHQ＝連合国軍最高司令官総司令部）による公職追放を受けた鳩山一郎《いちろう》さん（鳩山由紀夫元首相の祖父、第五二～五四代首相）に代わり、日本自由党総裁に就任。大命降下《たいめいこうか》（大日本帝国憲法下、天皇による任命）で首相になり、組閣します。これが第一次吉田内閣です。

終戦後の日本では、日本自由党、日本共産党、日本社会党、日本協同党、日本進歩党などの政党が林立していました。しかし、各政党は占領軍の政治介入や選挙結果に影響されて離合集散・合従連衡《がっしょうれんこう》を繰り返し、以下のように党名も変わっていきます。

日本協同党→協同民主党（一九四六年五月）→国民協同党（一九四七年三月）。

日本進歩党→日本民主党（一九四七年三月）→国民民主党（一九五〇年四月）→改進党（一九五二年二月）→日本民主党（一九五四年一一月）。

日本自由党は民主クラブとの統合によって民主自由党となり（一九四八年三月）、さらに犬養健《いぬかいたける》（犬養毅《つよし》第二九代首相の三男）ら日本民主党の連立派と合流して自由党を結成（一九五〇年三月）。この自由党が日本民主党と合同し、自由民主党の誕生に至るわけです。その結党大会は盛大に開催されました（一九五五年一一月一五日）。初代自民党総裁は、公職追放を解除されていた鳩山さんです。

吉田さんは、五次にわたる内閣で首相を務めました。第五次吉田内閣が総辞職したのは保守合同の前年、一九五四年九月二六日です。

第一次から第五次までの八年あまりを「吉田時代」と呼ぶならば、その時代は大きく二つに分けられると思います。ひとつは民主化・戦後改革の段階。次に東西冷戦が始まり、日米同盟を軸に独立に向けて準備する段階です。保守合同前ではありますが、自民党政治はこの時期に基本形がつくられました。

第一段階——民主化・戦後改革段階から見ていきましょう。

敗戦で明治憲法（大日本帝国憲法）体制が瓦解《がかい》したため、戦前と戦後で日本の政治体制は大きく変化しました。しかし同時に、連続性も保《たも》たれています。その変化と連続性のバランスが、自民党政治の特徴を形成しているように思えます。

まず「変化」ですが、ポツダム宣言を受諾して新憲法（日本国憲法）を制定し（一九四六年一〇月成立。同年一一月公布。一九四七年五月施行）、政治体制が変わりました。それから東京裁判（極東国際軍事裁判。一九四六年五月～一九四八年一一月）で戦争犯罪人（戦犯）が指定され、東條英機《とうじょうひでき》（第四〇代首相・陸軍大将）、板垣征四郎《いたがきせいしろう》（陸軍大臣・陸軍大将）らA級戦犯七人は処刑されました。さらに公職追放が大規模に行なわれ、戦前の翼賛《よくさん》的な政治家が表舞台から排除されるいっぽう、左翼政党では政治犯が釈放されて戻ってきます。このように、激しく人が入れ替わりました。

政策面でも大きな転換が起こりました。占領軍の指導で、農地解放、財閥解体、労働組合結成の奨励、女性参政権など、いわゆる民主化のベクトルが強力に推進されます。ただし、これらの政策は突如として始められたわけではありません。たとえば農地解放は、戦前から農林省（現・農林水産省）の官僚が考えていましたし、労働組合法（一九四五年一二月成立。一九四六年三月施行）も内務省（現・総務省、国土交通省、厚生労働省、警察庁など）を中心に検討していました。すなわち日中戦争以後の総力戦体制で封じられていたアイデアが、敗戦で瓶《びん》の蓋《ふた》が外れて表に出てきたのです。

では「連続性」はどうでしょうか。何より天皇制が存続したことが大きな意味を持つと思います。日本における保守政党は、天皇制を守る政党という意味です。だから自民党は天皇制を守ります。

太平洋戦争末期、天皇の側近で親英米派――吉田茂さんを筆頭に、外交官出身あるいは元老《げんろう》と言われる人たちは隠忍自重《いんにんじちょう》して戦争が終わるのを待っていました。そして敗戦で軍が崩壊すると、彼ら宮中に近い親英米派が時局の収拾、つまり戦後処理にあたることになります。ですから日本では、連続性、持続性、継続性において、ドイツやイタリアなど他の枢軸国《すうじくこく》とはまったく違う形で戦後の保守政治が出発したのです。

吉田茂の〝大仕事〟――山口

もうひとつ、指摘しておかなければならないことがあります。占領軍は内務省などごく一部を除き、日本の官僚制を温存しました。外貨、エネルギー、食料の調達や破損・焼失したインフラの再建など、戦後の復興を進めるには、官僚組織が必要だったからです。また保守政党の人材供給源としても、官僚は存在感を発揮しました。だから官僚側は、むしろ戦前より力をつけたのです。

「吉田時代」には佐藤栄作《さとうえいさく》さん（第六一～六三代首相。鉄道省出身）、池田勇人さん（第五八～六〇代首相。大蔵省出身）に代表される官僚出身者が政界にリクルートされ、彼らがのちの自民党政治の黄金時代を築きました。そこに自民党の原点を見る思いがします。官僚出身者が自民党政治家の中枢を占めることで、ある種の政策合理性を生《しょう》ぜしめたと言えるでしょう。

「吉田時代」の第二段階――日本の独立準備期に移ります。

東西冷戦が始まり、アメリカの対日占領政策が変化してくると、吉田さんはその変化に対応し、日本が国際社会に乗り出す基本的な戦略を準備し始めました。サンフランシスコ平和条約調印で独立を回復し、日米同盟による安全保障体制を構築することが、戦略の大きな枠組みです。

一九五〇年六月に朝鮮戦争が勃発しました。その直後（七月八日）、連合国軍最高司令官ダグラス・マッカーサーは、吉田さんに警察予備隊の創設と海上保安庁の増員を命じます。吉田さんは政令（「ポツダム政令」と呼ばれる）で警察予備隊をつくりました。これがのちに保安隊から自衛隊へと発展していったのはご存じのとおりです。

サンフランシスコ平和条約は一九五一年九月八日に調印。西側四八カ国との単独講和という形で締結されました。条約の発効は翌年四月二八日です。これをもって、連合国軍（ほぼアメリカ軍）による占領が終わり、日本は独立を回復しました。

また、日米安全保障条約（日本国とアメリカ合衆国との間の相互協力及び安全保障条約。以下、日米安保条約）は、講和条約調印と同じ日の午後、吉田さんが一人で署名式に臨んだと言われます。ここまでが吉田さんの〝大仕事〟でした。

余力を見せつけた情報参謀――佐藤

アメリカにとって、戦争相手としての日本は面倒くさい国でした。その名残《なごり》は今も窺《うかが》うことができます。

たとえば、沖縄には「キャンプ・シュワブ」（沖縄県名護市、国頭《くにがみ》郡宜野座村《ぎのざそん》）や「キャンプ・ハンセン」（同名護市、国頭郡恩納村《おんなそん》・宜野座村・金武《きん》町）など米海兵隊の駐屯地があります。この名称は、アルバート・シュワブ、デール・ハンセンという沖縄戦で戦死した海兵隊員に由来します。それを刻印した。つまりアメリカにすれば、駐屯地は戦利品であり、日本には返還しないという意思表示として命名したわけです。

山口さんが指摘された占領下の日本に関して、元陸軍の有末精三《ありすえせいぞう》の回想録（『終戦秘史 有末機関長の手記』芙蓉書房）に触れたいと思います。

有末は一九四二年から参謀本部第二部（情報）の部長を務めた情報参謀であり、終戦時には占領軍との連絡・調整を行なう「有末機関」の長でした。占領軍を相手に情報参謀の有末が駆り出された形です。回想録で、有末は次のようなことを書き残しています。

占領軍が厚木《あつぎ》飛行場（神奈川県）に来るまで、有末たちは、詰まっていた宿舎の水洗トイレを懸命に掃除しました。また、都内のホテルからサンドウィッチやビール、ジュースを運ばせています。要するに、降伏したとはいえ、わが日本にはまだ余力があるのだと見せつけたかったのです。

一九四五年八月二八日、占領軍の先遣隊が輸送機で厚木に到着。マッカーサー本隊の到着はその二日後です。先遣隊を指揮するチァーレス（チャールズ）・テンチ大佐は、飛行場の木柵に飛行機の発動機が縛りつけられているのを見て、あれは何かと質問しました。

すると有末は「あなた方や特にマッカーサー元帥などの飛行機に体当《たいあた》りするという不穏な空気があったので、発動機を機体から外して飛べないようにするためにとった処置」であると答えます。残骸を廃棄せず、わざわざその場に残した。ここでも「俺たちにはまだ余力がある。やる時はやるぞ」と匂わせたわけです。

さらに有末はテンチ大佐に、アメリカ軍の軍票を使用しないよう依頼します。占領軍が日本で軍票を使えば、インフレを招くからです。そして、日本の現金（一〇〇〇万円）を用意しているとも付け加えました。やはり余力を誇示しています。

日本はドイツと違い、戦勝国が交渉相手とすべき政府が存続していました（鈴木貫太郎《すずきかんたろう》内閣→東久邇宮稔彦王《ひがしくにのみやなるひこおう》内閣→幣原喜重郎《しではらきじゅうろう》内閣→第一次吉田茂内閣。終戦時から約二年間）。結局、アメリカは、占領軍が日本政府に命じて統治させる間接占領にせざるを得ないという判断を下しました。それには、日本の〝余力〟を見せつけられたことが大きかったと私は思います。

外務省は右翼的——佐藤

山口さんが官僚組織について言及されたので、私は外務省にいて気づいたことを述べます。

それは、外務省は非常に右翼的な役所だということです。外務官僚は外国語を喋《しゃべ》るし人生の半分くらいは海外勤務ですから、一般に、開明的でリベラルな人たちと思われています。私も外務省で働く前はそう思っていました。しかし、実際はきわめて右翼的です。それは宮内庁に出向する外務官僚が多いことからもわかります。戦前・戦後を通じて外務官僚を貫いているのは「国体護持《こくたいごじ》」です。「国体（国家体制）を護《まも》っているのはわれわれなのだ」という意識が非常に強いのです。

このことを、ポツダム宣言受諾をめぐる軍部（陸軍）、経済官僚、外務官僚の立場から説明しましょう。

まず軍部ですが、日本に無条件降伏を要求するポツダム宣言の受諾を拒否し、本土決戦も辞さない徹底抗戦の構えです。

次に商工省と企画院（戦時統制経済の企画立案にあたった政府機関）を統合した軍需省の経済官僚たち。彼らはデータ上からも日本の敗戦を予期していました。ところが、一九四一年に起きた企画院事件のトラウマがありました。企画院の革新官僚たちが「共産主義者とかかわりがある」として治安維持法違反容疑で検挙された事件です。つまり経済官僚は、軍と対立すれば捕《つか》まるかもしれないと怯《おび》え、口を拭《ぬぐ》いました。

対して、東郷茂徳《とうごうしげのり》外務大臣や松本俊一《まつもとしゅんいち》外務次官ら外務官僚たちは、きわめてリアリスティックでした。

ポツダム宣言は、終戦の年の七月二六日に発せられます。当初、日本側はこれに条件をつけようとしました。「国体変更なき条件の下《もと》に」と。しかし東郷さんたちは「わが国は条件をつけられる立場ではない。『条件』ではなく『了解』にしよう」と主張します。条件をつけて拒否されれば、そこで落としどころがなくなり話が終わってしまうからです。

広島、長崎に原爆が投下され、しかも日ソ中立条約を結んでいたソ連が対日参戦した直後の八月一〇日、日本はポツダム宣言を受諾する緊急電報を連合国側（アメリカ、イギリス、中国、ソ連）に返電しました。すると二日後、有名な「バーンズ回答（アメリカのジェームズ・バーンズ国務長官からの返答）」が届きます。そこには次の一文がありました。

「天皇および日本国政府の国家統治の権限は、連合国軍最高司令官に subject to する」

この「subject to」をめぐり、軍部と外務省が対立します。陸軍の若い将校が辞書を引き、subject to は「隷属する」という意味だと激高。いっぽうの外務官僚は「君たち（軍部）は英語をよく理解していない。これは『制限の下に置かれる』という意味だ」――結局、昭和天皇の決裁（聖断）を受けて、日本はポツダム宣言を受諾し、終戦が決まりました。

だから、外務官僚には、あのギリギリの状況で命がけで国体を守ったのは自分たちなのだ、という強い意識があるのです。外務省は「右翼的」な役所であると前述しましたが、それは国粋主義的という意味ではありません。むしろ極端な国家主義者と共産主義者の両翼が国体を破壊する。国体護持をもっとも真剣に考えているのは自分たちなのだ、という自負が外務官僚のＤＮＡに刷り込まれているのです。

この強い自負を敷衍《ふえん》していくと、国体を守るためには二度とアングロサクソンと戦争をしないことが最重要だ、というイデオロギーに繋がります。そして国体が日米同盟とのアマルガム（混合物）になりました。すなわち国体護持のための日米同盟であり、外務省は日米安保条約を日本国憲法よりも上位に置いています。

自民党は社会党によって発展した──山口

日米安保条約を結び、吉田茂さんが〝大仕事〟を終えると、鳩山一郎さんが首相になりました（一九五四年一二月一〇日）。保守合同で自民党の初代総裁に就いたことは前述したとおりです。鳩山さんは公職追放で五年ほど政界を離れざるを得ませんでしたから、占領軍に対する反発・恨みは相当、強かったでしょう。

鳩山さんは憲法改正を持論としていました。第三次内閣の所信表明演説で、次のように述べています。

「わが国を真の独立国家に立ち返らせるためには、何よりもまず、国の大本《おおもと》を定める憲法を国民の総意によって自主独立の態勢に合致するよう作りかえることが大切であることは、言うまでもございません。このために、内閣に憲法調査会を設置する手続をとりまして、慎重にその準備を進めなければならないと考えております」（一九五五年一二月二日）

また日本の自主外交を唱え、サンフランシスコ平和条約に参加しなかったソ連との国交回復を主導しました。その結果、一九五六年一〇月一九日に日ソ共同宣言（日本国とソヴィエト社会主義共和国連邦との共同宣言）に両国が調印し、国交が回復します。

もうひとつ、東西冷戦構造を日本の国内に言わば移植・移転して、親米保守 vs. 社会主義左翼（革新）の対立構造を、保守の圧倒的優位のもとで固定化しました。これが自民党と社会党による五五年体制ですね。その意味で、鳩山さんは本格的な戦後保守政治の創始者と位置づけることができます。

戦後の国政選挙の得票数を見ると、全議席のうち保守系がおよそ三分の二、革新系三分の一、つまり「二対一」の比率がしばらく続きました。第二章で触れましたが、三分の一あれば改憲を阻止できます。しかし一九五五年以前の保守系は、戦前の立憲政友会と立憲民政党、終戦後の日本自由党と日本民主党のように〝内輪揉《うちわも》め〟をして、なかなかまとまりませんでした。その隙《すき》を縫《ぬ》うかのように、社会党が躍進します。

左派と右派に分裂していた社会党ですが、衆議院では左右合計で一一一（第二五回総選挙・一九五二年一〇月一日）→一三八（第二六回総選挙・一九五三年四月一九日）→一五六（第二七回総選挙・一九五五年二月二七日）と、選挙のたびに議席を増やしていきました。そして一九五五年一〇月一三日、再統一の党大会を開きます。ちなみに再統一後の選挙（第二八回衆議院議員総選挙・一九五八年五月二二日）では一六六議席を獲得しています。

こうした社会党の党勢拡大を、アメリカは警戒しました。日本の経済界も社会党の勢いを脅威に感じ、保守勢力の日本自由党と日本民主党に「早くまとまれ」と強く要請。そして保守合同により自民党が誕生します。つまり、自民党の生成・発展には、社会党の存在が無視できないのです。

日ソ国交回復交渉の舞台裏——佐藤

日ソ国交回復交渉は、一九五五年六月から五六年一〇月にかけて行なわれました。その際、鳩山首相、河野一郎《いちろう》農林相（河野太郎デジタル相の祖父）とともに日本側の共同全権を務めたのが、前述した松本俊一さんです。当時は自民党の衆議院議員になっていました。

松本さんには、『モスクワにかける虹——日ソ国交回復秘録』（朝日新聞社）という著書があります。その献辞を、松本さんは次のように認《したた》めています。

「謹《つつし》んで本書を今は亡き鳩山一郎先生の霊に捧《ささ》ぐ」

同書は当事者による貴重な手記であり、北方領土交渉の基本文書であるにもかかわらず、絶版になっていたので、私が長文の解説を付し、『日ソ国交回復秘録――北方領土交渉の真実』と改題して復刊しました（朝日新聞出版）。

これを読むと、鳩山さんが吉田さんと違う方向で外交にあたろうとしていたことがわかります。山口さんは、日本が独立を回復し、日米同盟による安全保障体制を構築するのが「吉田時代」の第二段階と考察されました。その文脈で管見《かんけん》を述べます。鳩山さんの場合、もちろん日米同盟が前提ですが、そのうえで日本の主権を極大化していく。すなわち対米自主性を模索していたと思います。

また松本さんは、日ソ国交回復交渉の全権・重光葵《しげみつまもる》さんの態度を「まことに不可解で、今日もなお深い疑念を残している」と述べています。重光さんは保守合同の立役者《たてやくしゃ》の一人で、鳩山内閣では副首相兼外務大臣でした。

重光さんは当初、南樺太《からふと》を含む北方領土四島（択捉《えとろふ》島、国後《くなしり》島、色丹《しこたん》島、歯舞《はぼまい》群島）の返還を主張していましたが、交渉が難航すると、ソ連案である歯舞群島と色丹島の二島返還に方針転換。しかし、ふたたび四島返還を強硬に主張するようになります。この豹変が、松本さんには「不可解」と映ったのでしょう。

他方、河野さんについては「外交こそ素人であったけれども、内政で鍛えた腕前は、相手がブルガーニンであろうと、フルシチョフであろうと、またイシコフであろうと、臆するところなく日本の主張を述べて、なんとか、これを先方にのませるだけの手腕を示したことは、全く感嘆のほかない」と高く評価しています。

日ソ国交回復交渉には、日本国内の政局が色濃く作用しました。国交回復によって鳩山さんに力がつくのをいかに抑えるか。鳩山さんの盟友・河野さんは次の総理総裁を狙っているのではないか。吉田茂さんたちの影響力を排除するにはどうすべきか——国交回復交渉を「本体」とするならば、それとは別次元で、保守合同をめぐる政治的綱引きが同時並行で進みました。国内の政争が国交回復の交渉戦略にからみついてしまったのです。

ダレスの恫喝——佐藤

日ソ国交回復交渉における北方領土問題には、アメリカが深く関与しました。冷戦下、日本とソ連が国交を回復して接近することを警戒したからです。その象徴的な事例として知られているのが、いわゆる「ダレスの恫喝《どうかつ》」です。ダレスとは、当時のアメリカ国務長官、ジョン・フォスター・ダレスのことです。

一九五六年八月一九日、重光さんはロンドンのアメリカ大使館にダレスを訪ね、「歯舞、色丹の二島を日本に引き渡し、国後、択捉をソ連に帰属させる」というソ連側からの提案について説明しました。するとダレスが激しく反発。松本さんは回想録のなかで、次のように記しています。

領土問題に関するソ連案を示して説明を加えた。ところが、ダレス長官は、千島《ちしま》列島をソ連に帰属せしめるということは、サン・フランシスコ条約でも決《き》まっていない。したがって日本側がソ連案を受諾する場合は、日本はソ連に対しサン・フランシスコ条約以上のことを認めることとなる次第である。かかる場合は同条約第二十六条〔「日本が条約当事国以外の国と平和処理・戦後請求権処理を行ない、条約の定め以上の利益を与える場合、同一の利益を条約当事国にもおよぼさなければならない」とする条項〕が作用して、米国も沖縄の併合を主張しうる地位にたつわけである。ソ連のいい分は全《まった》く理不尽であると思考する。（中略）領土に関する事項は、平和条約をまって初めて決定されるものである。ヤルタ協定〔一九四五年二月、ソ連の対日参戦や千島列島のソ連帰属などを米英ソで取り決めた秘密協定〕を決定とみなし、これを基礎として議論すべき筋合いのものではない。必要とあればこの点に関し、さらに米国政府の見解を明示することとしてもさしつかえないという趣旨のことを述べた。重光外相はその日ホテルに帰ってくると、さっそく私を外相の寝室に呼び入れて、やや青ざめた顔をして、「ダレスは全くひどいことをいう。もし日本が国後、択捉をソ連に帰属せしめたなら、沖縄をアメリカの領土とするということをいった」といって、すこぶる興奮した顔つきで、私にダレスの主張を話してくれた。

（松本俊一著、佐藤優解説『日ソ国交回復秘録』）

つまりダレスは、二島返還で日ソが折り合うのなら、沖縄をアメリカの領土とすると重光さんに迫った。しかし日本政府は、国内の政局が主たる要因となって、すでに二島返還を拒否するという方針を決めていました。したがって「ダレスの恫喝」で二島返還から四島返還に変更したわけではありません。松本さんの回想録を時系列できちんと読めば、このことがよくわかります。

二〇一六年一二月一五・一六日、安倍晋三首相（当時）とプーチン大統領が日ロ首脳会談を行ないました。この時の共同記者会見で、プーチンは「ダレスの恫喝」に言及しています。

「一九五六年に、ソ連と日本はこの問題（国交回復）の解決に向けて歩み寄っていき、五六年宣言（日ソ共同宣言）を調印し、批准しました。この歴史的事実はみなさんの知っていることですが、この時、この地域に関心を持つ当時のアメリカのダレス国務長官が日本を脅迫したわけです。もし日本がアメリカの国益を損《そこ》なうようなことをすれば、沖縄は完全に米国の一部となるという趣旨のことを言いました」（各メディアの報道による）

松本さんの回想録に戻ると、彼はそのなかで「ABC型」外交官という表現を使っています。Aはアメリカ、Bはイギリス（ブリテン）、Cが中国（チャイナ）を指します。戦前、外務省ではAとBに在勤して、Cに行って活躍するのが出世コースでした。他方、彼らはソ連など共産圏諸国と「友好をはかるということにはきわめてリラクタント（不承不承）であった」そうです。重光さんはＡＢＣ型外交官でした。ちなみに、松本さんはフランス語を研修したフランス・スクール出身なので、彼らの視野が狭く見えたのでしょう。

いずれにしても、日ソ共同宣言は二一世紀の今日に至るまで、日ロ関係の枠組みを決めています。また、日本の国際連合（以下、国連）加盟にあたっても大きな意味を持つと思います。

日本が国連加盟を申請したのは一九五二年六月ですが、この時は安全保障理事会の常任理事国であるソ連が拒否権を行使し、加盟は実現しませんでした。しかし日ソ国交回復を経た一九五六年一二月一二日、ソ連は支持に回り、日本の国連加盟が承認されたのです。

ただし、積み残した問題もあります。国連憲章第七章は「国際の平和及び安全の維持又《また》は回復に必要な空軍、海軍又は陸軍の行動をとることができる」（第四二条）と、いわゆる「国連軍」を規定しています。国連加盟国は、状況によって紛争地に軍を派遣しなければならないのです。

日本は国連に加盟する際、国連憲章第七章と日本国憲法第九条（戦争放棄、戦力不保持、交戦権否認）の整合性を取る必要性がありました。この問題は国会でもたびたび提起されましたが、時間切れで決着を見ていません。その後の集団的自衛権論議に通底する〝積み残し〟なのです。

石橋湛山政権が続いていれば……──山口

日ソ国交回復を成し遂げた鳩山さんが退陣を表明すると（一九五六年一一月二三日）、総裁選の決選投票で岸信介さんを破った石橋湛山《いしばしたんざん》さんが第五五代首相に就任しました（一二月二三日）。石橋さんはジャーナリスト出身（毎日新聞社から東洋経済新報社）で、日蓮宗《にちれんしゅう》の僧侶でもあります。政治家としては異色の属性の持ち主です。

ところが、組閣からわずか一カ月後の一九五七年一月二五日、脳梗塞で倒れ、石橋内閣は短命に終わりました。後継首相（第五六代）は臨時首相代理を務めていた岸さんです。

もし石橋さんが、もうすこし長く首相を続けていれば、その後の日本の展開も変わっていたかもしれません。石橋さんはリベラリストでした。たとえば戦前、「東洋経済新報」誌上で軍部の植民地主義を次のように批判しました。

何も彼《か》も棄《す》てて掛《かか》るのだ。之《これ》が一番の、而《しか》して唯一の道である。（中略）例《たと》えば満洲《まんしゆう》を棄てる、山東《さんとう》を棄てる、其他支那《そのほかしな》が我国《わがくに》から受けつつありと考うる一切の圧迫を棄てる、其《その》結果は何《ど》うなるか。又《また》例えば朝鮮に、台湾に自由を許す、其結果は何うなるか。英国にせよ、米国にせよ、非常の苦況に陥《おちい》るだろう。何となれば彼等《かれら》は日本にのみ斯《か》くの如《ごと》き自由主義を採られては、世界に於《お》ける其道徳的位地を保つを得ぬに至るからである。其時には、支那を始め、世界の小弱国は一斉に我国に向《むか》って信頼の頭を下ぐるであろう。印度《インド》、埃及《エジプト》、波斯《ペルシャ》、ハイチ、其他の列強属領地は、一斉に、日本の台湾朝鮮に自由を許した如く、我《わ》れにも亦《また》自由を許せと騒ぎ立つだろう。之《これ》実《じつ》に、我国の位地を九地《きゆうち》の底より九天《きゆうてん》の上に昇《のぼら》せ、英米其他を此《この》反対の位地に置くものではないか。（中略）ここに即《すなわ》ち「身を棄ててこそ」の面白味がある。

（「東洋経済新報」一九二一年七月二三日号）

また石橋さんは、イギリスの経済学者ジョン・メイナード・ケインズの経済政策理論を支持する立場のケインジアンでもありました。簡単に言えば、不況時には政府の財政支出を増やして経済活動を活発化させようとするものです。

ですから、首相であれ大蔵大臣であれ、石橋さんが現役の閣僚として活動できていれば、アジア外交をもっと積極的に進めたり、経済財政運営でもケインジアン的な政策――たとえば政府が借金してでも大型の公共事業で景気を浮揚させたりするなど、官僚主導型の政治とは違った形でアイデアを活《い》かせたでしょう。自民党のなかで中道的な路線が伸びていく可能性があったと思います。

病床に就いた石橋さんが退陣を表明した時、社会党の鈴木茂三郎《すずきもさぶろう》さんや浅沼稲次郎《あさぬまいねじろう》さんは早稲田大学の同窓生でもあったからか「石橋、辞めるな」と、必死に辞任を思いとどまらせようとしました。しかし、石橋さんは「私の政治的良心に従います」と、辞意を撤回することはありませんでした。

脳梗塞から回復した石橋さんはほどなく政治活動を再開しますが、政権の中枢に復帰することはかないませんでした。それでも少数派閥を率いて、岸さんによる日米安保条約改定（一九五八～一九六〇年）に反対するなど、リベラリストとしての主張をし続けました。

一九六三年の選挙（第三〇回衆議院議員総選挙。一一月二一日投開票）で落選すると政界を引退。晩年は東京の自宅で療養生活を送りました。田中角栄さんは、日中国交正常化交渉に出発する三日前（一九七二年九月二二日）に石橋さん宅を訪れ、「石橋先生、これから中国へ行ってまいります」と、車椅子の石橋さんと握手したと伝えられています。

岸信介政権と日米安保条約――山口

前述したように、石橋さんのあと、岸信介さんが首相に就任しました（一九五七年二月二五日）。

岸さんは東京帝国大学法学部を卒業後、農商務省（現・農林水産省と経済産業省）に入省した官僚です。軍部と関係が深く、満州国では実業部次長として「満州産業開発五カ年計画」を推し進め、満州国を動かす五人の日本人、いわゆる「弐《に》キ参《さん》スケ」――東條英機（関東軍参謀長）、星野直樹《ほしのなおき》（満州国総務長官）、松岡洋右《まつおかようすけ》（南満州鉄道総裁）、鮎川義介《あいかわよしすけ》（日産コンツェルン総帥）、岸信介――の一人に挙げられています。東條英機内閣（一九四一年一〇月〜一九四四年七月）では、商工大臣を務めました。

戦後、岸さんはA級戦犯容疑で巣鴨《すがも》プリズンに投獄されますが、不起訴となり釈放（一九四八年一二月二四日）。一九五二年四月に公職追放が解除されると、官僚や政治家、実業家らを中心に、日本再建連盟という保守系新党を立ち上げます。

日本再建連盟は、自主憲法制定、反共、自主軍備確立、自主外交などを掲げ、政界再編を目指しました。ところが第二五回衆議院議員総選挙（一九五二年一〇月一日投開票）で惨敗。そこで岸さんは右派社会党への入党を試みます。しかし社会党内の反対が強く、断られてしまいます。結局、自由党に入り、次の第二六回衆議院議員総選挙（一九五三年四月一九日投開票）に当選して政界に復帰しました。

岸さんという人は、ある意味では国家社会主義者です。国家社会主義とは、国家が社会体制を改変する、もしくは資本主義社会が抱える問題を解決しようとする思想・運動と定義されます。岸さんには、戦後の民主化に対する〝揺り戻し〟を国家社会主義的に明確化した面が強くあると思います。

それから、先に佐藤さんが鳩山一郎さんについて「対米自主性を模索していた」と指摘しましたが、岸さんもそれに近いと言えるでしょう。つまり日米同盟を前提に、日本の自主性を強めていく。吉田茂さんが締結した日米安保条約は日本がアメリカに従属する構造であると、岸さんは認識していたのです。

日米同盟を堅持したうえで日本の主権を拡張する。そうしなければ持続性がないと岸さんは判断し、「日米新時代」や「（日米安保条約における）双務性《そうむせい》の強化」を唱え、日米安保条約改定を進めたわけです。東西冷戦体制において、日米同盟をより強固なものにするという狙いがあったことはまちがいないでしょう。

国内政策では、「日教組《にっきょうそ》（日本教職員組合）封じ込め」と言われた教職員に対する勤務評定の強行導入（一九五八年九月）や、警察官職務執行法の改正（同年一〇月。廃案）など、いわゆる「逆コース（戦後の民主化を否定し、戦前回帰を指向する動き）」の路線を鮮明にしました。こうした岸内閣の政策に「戦前を思い出す」と庶民は反発し、その延長線上に「六〇年安保」の大騒動があると思います。

改定日米安保条約（新安保）の批准は、一九六〇年五月二〇日に衆議院で強行採決されました。これをきっかけに反対運動が激化します。六月一五日には全学連《ぜんがくれん》（全日本学生自治会総連合）の学生たちが国会に突入し、機動隊員と衝突して死者も出ました。

ただ「六〇年安保」の反対デモに参集した人たちは、日米安保条約の条文を精読していたわけではありません。「ここがおかしいから反対します」と言う人は、ほとんどいませんでした。それでも大規模な国民的反対運動が起きたのには、二つの理由があります。

ひとつは、冷戦構造のなか、軍事同盟に踏み込むことが日本を戦争に巻き込むのではないかという不安です。そして「岸信介のような戦前のリーダーが、戦後民主主義を壊そうとしている」との怒り。野党議員が国会本会議場で座り込むなど抵抗しました。すなわち内政問題としての安保闘争です。不安と怒り。この両面があったと思います。

日米安保条約は一九六〇年六月一九日に自然承認されました。岸内閣は反対運動による大混乱の責任を取る形で七月一五日に総辞職します。

「六〇年安保」を総括すれば、憲法改正や戦前回帰のようなイメージが濃かった岸さんを、市民のデモで倒したというストーリーが描かれることによって、自民党はおとなしくなりました。これは、戦後民主主義とそれを支えた市民の側の勝利と言えます。自民党が岸さん以後の一九六〇年代に穏健化したのは、安保闘争の産物とする評価もあり得るでしょう。

もうひとつの闘争——佐藤

その評価は非常に重要です。では、私は「六〇年安保」について、自民党と五五年体制を構築していた当時の社会党の視点から見てみます。

社会党すなわち総評が本格的に取り組んだのは安保闘争ではなく、むしろ一九五九〜一九六〇年の三池《みいけ》争議（福岡県の三井鉱山三池鉱業所の人員整理をめぐる労働争議）だったと思います。総評にとって組織存亡の危機でした。

安保闘争と三池争議（闘争）は、同じ一九六〇年にピークを迎えました。したがって、両方を俯瞰的かつ総合的に判断しなければいけません。ひとつは戦後外交体制からの脱却。もうひとつは石炭から石油へのエネルギーの移行。大きな構造転換にともなう闘争が、同時に起きていたということです。

総評は、無期限ストライキに入った三池炭鉱労働組合を全面的に支援しました。およそ二万人のピケ隊（座り込みなどでストを補強する集団）を送り込み、これが警官隊と対立して一触即発の事態を招くほどでした。結局、中央労働委員会（当時の労働省の外局）の調停により、労組が会社側の提案を受け入れる形で争議は解決しました。総評の敗北です。闘争に敗北したことで、社会党は、それまでの戦術を見直さざるを得なくなりました。ストなどの激しい実力行使には実効性がない。ではどうすべきかということで、理論的に純化する路線を取りました。その代表的な組織が、社会党の最大派閥である社会主義協会（一九五一年発足。一九六七年に分裂）です。

社会主義協会は三池争議の敗北理由を、闘争における理論化・組織化が弱かったからだと総括しました。そこで取り組んだのが、学習運動と組織化運動の強化です。たとえばカール・マルクスやウラジーミル・イリイチ・レーニンの著書をきちんと読む。そしてオルグ（組織を拡大するための勧誘・宣伝活動など）体制を整える。こうして平和革命に傾斜していきました。

社会主義協会は現在も「社会主義」という月刊誌を発行していますが、ソ連の崩壊とともに影響力を失いました。

総評は一九八九年一一月二一日、今の連合に吸収合併される形で解散しました。

自民党の黄金時代——山口

三池争議を重視される佐藤さんの見解に賛成します。三池争議の敗北は総評主導の革命的労働運動の挫折でしたし、なぜ自民党に対抗する中道左派政党が日本で育たなかったのかというテーマを考えた時、社会主義協会の役割を抜きには語れません。

さて、岸さんが退陣して、ともかく自民党政治は新しい段階に入りました。池田勇人政権・佐藤栄作政権の時代です。佐藤さんは言わずもがな、岸さんの実弟です。

池田さんと佐藤さんはどちらも官僚出身者だけあって、まさに優等生的な政治を推進しました。ブレーンを集めて知的な土台をつくり、自民党の歴代政治にはない異彩を放ったと思います。

たとえば池田さんは大蔵大臣の時に、大蔵官僚だった宮澤喜一さんを秘書官に、やはり大蔵官僚出身の前尾繁三郎《まえおしげさぶろう》さん（のちに宏池会会長）を側近に起用。所得倍層計画は大蔵省出身のエコノミスト下村治《しもむらおさむ》さんが中心的役割を果たしています。佐藤さんには、国際政治学者の高坂正堯《こうさかまさたか》さんらのブレーンがいました。高坂さんは、のちの三木武夫さん、大平正芳さん、中曽根康弘さん（第七一～七三代首相）など歴代首相のブレーンも務めています。

メインストリームの政治では、池田・佐藤政権時代の自民党は、鳩山さんや岸さんのように改憲（自主憲法制定）を声高に唱えず、無用な混乱を起こさない現実主義でした。日本の高度経済成長が、あらゆる内政上の諸問題を覆《おお》い隠してくれたことも見逃せないと思います。資本主義の歴史のなかでも、日本の一九六〇年代は特殊な時代です。

「フォーディズム」という言葉があります。アメリカの自動車会社フォード・モーターが開発した生産方式のことです。規格化した部品をベルトコンベアに載せ、規格化した工程で製品を大量生産し、拡大した売り上げを賃上げという形で労働者に還元しました。所得が増えた労働者には購買力がつき、自動車、家電製品、住宅などを購入します。これでさらに需要が拡大し、経済が成長していくことになります。

池田さんと佐藤さんによる自民党政治は、このフォーディズムを日本国内に導入して全面展開しました。その結果、日本人の所得が増大します。たとえば一九五八年を「一」とした実質賃金指数は、一九六八年に「一・五」を突破。また土地つき一戸建ての持ち家を奨励するために一九五〇年に設立された住宅金融公庫（現・独立行政法人住宅金融支援機構）が庶民に低金利で融資し、税制上も優遇しました。ちなみに一九六〇年の流行語は「家つき・カー（自動車）つき・ババア（姑《しゅうとめ》との同居）抜き」です。

三池争議に敗北した労働者たちは戦闘的労働運動の限界を悟り、むしろ春闘《しゅんとう》（賃上げなど春季に行なう共同闘争）でベースアップを勝ち取って豊かさを追求する方向にシフトしていきます。他方、左翼政党はイデオロギー的に先鋭化し、現実の政治から離れていきました。だから一九六〇年代は、自民党にとって黄金時代だったのです。

進む制度化と政務調査会――山口

結党から一〇年が経過（一九六五年）すると、自民党のなかで制度化が進みました。河野一郎さんや、保守合同を日本民主党の三木武吉《みきぶきち》さんと結んで推進した大野伴睦《おおのばんぼく》さんらが亡くなり、保守合同以前の自民党政治家の多様性が消えていきました。すると、自民党の政治家として政治活動を始めた人たちが相対的に増えたことに加え、与党であり続けることで、自民党は行政の分野で進化を遂げていったのです。

自民党内には政務調査会（以下、政調会）という政策・法案の立案を担当する機関があります。一四の部会と三四の調査会、そして二五の特別委員会と一四の特命委員会から構成されています（二〇二四年七月現在）。

ざっと挙げてみましょうか。部会には内閣部会（第一・第二）、国防部会、外交部会、財政金融部会などがあります。調査会は金融調査会、税制調査会、安全保障調査会、選挙制度調査会、沖縄振興調査会などです。特別委員会は交通安全対策特別委員会、災害対策特別委員会、たばこ特別委員会、外国人労働者等特別委員会などを擁し、特命委員会は郵政事業に関する特命委員会、戦没者遺骨帰還に関する特命委員会、性的マイノリティに関する特命委員会、安全保障と土地法制に関する特命委員会などがあります。

政調会は、政策の形成や予算の配分で官僚とタッグを組み、実務にあたります。すなわち本来、行政がすべき仕事を政党が担っているわけです。きわめて日本的なシステムだと思います。

他の国の政党には、政調会のようなシステムはありません。そもそも、ヨーロッパではしばしば政権交代が起きますから、ずっと与党の地位にいて、政治家自身が予算配分を行なうことはほとんどありません。イギリスの与党の政治家は、大臣などになって行政組織でリーダーシップを振るいますが、やはり政府で公的な地位を持たない与党政治家が予算配分などの実質的な仕事をすることはありえないのです。

自民党の政調会は民主的統制システムからすれば、明らかにおかしい。政党の立場で国家の具体的方針を決めるのは、むしろ中国共産党や旧ソ連共産党に近いです。

政調会の事前審査制というルールは、池田政権の時に始まったと言われます。それ以前から与党が予算や法案に関与することはありましたが、明確な手続きが確立されたのは一九六二年、赤城宗徳《あかぎむねのり》総務会長（当時）が池田首相に申し入れた時です。閣議決定で法案を決める前に政調会に諮《はか》り、事実上の合意を得る仕組みです。事前審査を経た法案は、政調審議会と総務会で最終的に決定します。そうすると党議拘束《とうぎこうそく》がかります。文字どおり、議会でも採決で所属議員を党の決定に従うよう拘束することです。

こうして、自民党は国家機関化していきました。政党は自発的結社のはずなのですが、政権与党を長く続ければ国家機関になるわけです。

さて、池田さんの次に佐藤栄作さんが首相に就任します（一九六四年一一月九日）。佐藤政権では第三次内閣の時に沖縄返還という大きな出来事がありました。一九七一年六月一七日、アメリカ（当時はリチャード・ニクソン大統領）との間で返還協定（琉球諸島及び大東諸島に関する日本国とアメリカ合衆国との間の協定）が結ばれ、翌年に発効し、沖縄県が本土に復帰しました。

そこで佐藤さんにお聞きします。佐藤栄作さんの外交、特に沖縄返還をどう評価されますか。

沖縄返還をめぐる密約――佐藤

佐藤栄作さんに関しては、私は尊敬する外交官の吉野文六《よしのぶんろく》さん（元駐米公使・外務省アメリカ局長。二〇一五年没）からお聞きした話が強く印象に残っています。

吉野さんによれば、佐藤さんはものすごい反共政治家だそうです。実兄の岸信介さん以上に反共で、きわめてイデオロギッシュな政治家だったと吉野さんは言っていました。そして「歴史に名前を残したい」という思いも強かった。

実は吉野さんは、沖縄返還交渉におけるヘンリー・キッシンジャー（ニクソン政権で国家安全保障問題担当大統領補佐官。のちに国務長官）との連絡係でした。キッシンジャーは吉野さんに次のように言いました。

「沖縄返還交渉はやりたくない。ただニクソンの選挙区事情がある。だからどうしても繊維の問題（後述）は解決してほしい。事前にその枠組みは決まっている」

佐藤さんは、その「枠組み」に飛びつきました。前述したように、佐藤さんは歴史に名前を残したい。その意味で沖縄返還がずっと頭にあったのでしょう。確かに佐藤・ニクソン会談で、沖縄の施政権は日本に返還されました。けれども、かなり偶然の要素が働いています。そのひとつが「繊維の問題」すなわち日米繊維交渉です。

簡略化して述べると、まずニクソンは大統領選の予備選挙に勝つため、繊維製品の輸入（日本にとっては輸出）規制を公約に掲げていました。一九六九年の統計では日本の大幅な輸出超過であり、アメリカの繊維業界は瀕死の状態でした。そこでニクソンは大統領に就任すると、日本政府にたびたび輸出の自主規制を要請。閣僚レベルで交渉が重ねられた結果、日米繊維協定が調印され（一九七二年一月三日）、「繊維の問題」は決着します。

よく言われるのが、この交渉で、「糸と縄の交換」つまり沖縄返還を見返りに、日本は繊維製品の対米輸出を自主規制するというものです。客観的に見れば、日本はニクソン大統領の選挙事情である繊維問題に付け込んだのです。

吉野さんによれば、沖縄密約のポイントは「柏木《かしわぎ》・ジューリック文書」だということでした。これは一九六九年に、柏木雄介《ゆうすけ》大蔵省財務官とアメリカのアンソニー・ジューリック財務長官特別補佐官との間で交《か》わされた秘密文書のことで、そこには以下の項目と日本が負担する金額があるとされています。

・民生用資産買収に一億七五〇〇万ドル
・基地移転費などに二億ドル
・ニューヨーク連邦準備銀行へ無利子の預金をすることで一億一二〇〇万ドル供与
・基地従業員の社会保障費に三〇〇〇万ドル
・琉球銀行株式の売却益などで一億六八〇〇万ドル

沖縄返還をめぐっては、核の持ち込みなどさまざまな密約の存在が指摘されますが、「柏木・ジューリック文書」がその根幹になっています。そしてキッシンジャーが言った

「枠組み」が、まさしくこの覚書だったのです。それでも、沖縄返還は佐藤さんでなければできなかったと思います。

党内抗争——山口

ここからは、第三章で触れた「三角大福」時代を見ていきましょう。三木武夫さん、田中角栄さん、大平正芳さん、福田赳夫さんです。

彼らは自民党結党以前から政治家になっていました。初当選は三木さんが一九三七年（無所属）、田中さんが一九四七年（民主党公認）、大平さんが一九五二年（自由党公認）、福田さんも一九五二年（無所属）です。言わば自民党以前を知る最後の世代ですね。

四人とも非常に個性的で、今から考えると、なぜあれほど激烈な権力闘争をしたのか、むしろ不思議に思えます。またそれぞれ得意分野を持ち、たとえば土建業を営んでいた田中さんは、地方の遅れを解消することが政治上のテーマでしたし、企業家としても高い能力を持っていました。

佐藤栄作さんが退陣（一九七二年七月七日）したあと、一九七〇年代を通じて、この四人が首相を務めました。首相就任は、田中さん（一九七二年七月七日）、三木さん（一九七四年一二月九日）、福田さん（一九七六年一二月二四日）、大平さん（一九七八年一二月七日）の順です。

池田勇人さんの秘書官だった政治評論家の伊藤昌哉《いとうまさや》さんに『自民党戦国史 上下』（ちくま文庫）という著書がありますが、一九七〇年代の自民党はまさに戦国時代を思わせる権力闘争が続き、ほぼ二年ごとに首相が代わりました。戦後政治の草創期から政界に身を置いていた人たちの権力欲は、現代の政治家たちとまるで違います。

たとえば、福田さんは大蔵官僚出身で上品な人ですが、大平さんとの権力闘争はすさまじいものでした。いわゆる「四十日抗争」です。

一九七九年一〇月七日、自民党は総選挙（第三五回衆議院議員総選挙）で過半数（二五六）を割り込む敗北を喫し、その責任をめぐって、党内を二分する派閥間の抗争が起きました。主流派の大平派・田中派と、反主流派の福田派・三木派などが対立する構図です。

当時の総理総裁は大平さんですが、反主流派は大平さんに辞任を要求。離党も辞さない構えでした。しかし大平さんは辞任を拒否し、福田さんとの対立が続きます。西村英一《にしむらえいいち》副総裁による調停工作も不首尾に終わり、国会での内閣総理大臣指名選挙（首班指名選挙。一一月六日）に、大平さんと福田さんの二人が出馬するという異常事態となりました。最終的には大平さんが首相に選ばれて第二次大平内閣を組閣しますが、大平 vs. 福田の激しい対立が解消されたわけではありませんでした。

翌一九八〇年五月一六日、社会党が大平内閣不信任案を提出すると、福田さんら反主流派はこれに同調して衆議院本会議を欠席。不信任案が可決され、大平内閣は衆議院を解散し（ハプニング解散）、憲政史上はじめてとなる衆参ダブル選挙に打って出ます。しかし、選挙戦中に大平さんが心不全で急死しました。結果は自民党の大勝（衆議院二八四議席、参議院は六九議席）です。

このように、党内抗争はさまざまなドラマを生み出しました。では、ドラマの陰で肝心の政策は何か残されたのかと言えば、一九七〇年代は特筆すべきものはありません。むしろドル・ショック（一九七一年八月一五日）による円高と第一次石油ショック（一九七三年一〇月～一九七八年三月）が招いた狂乱物価で、日本は大不況に見舞われましたから、政府はその対応で精一杯《せいいっぱい》でした。

強運の人・中曽根康弘――山口

大平さんの急死を受けて総理総裁に就いたのは、大平さんと同じ宏池会の鈴木善幸さんです。鈴木政権は一九八〇年七月一七日から一九八二年一一月二七日、やはり二年ほどです。

次の首相が、中曽根康弘さんですが、この頃から自民党は政策的に新しい段階に入ったと思います。

「三角大福」時代は、高度経済成長期の惰性《だせい》で、経済政策をすこしは打ち出したものの、基本的には政策に代《か》わり映《ば》えがありませんでした。強いて言えば、大平さんがやろうとした一般消費税の導入（一九七九年一月に閣議決定）くらいです。しかし国民に「ノー」を突きつけられ、大平さんは断念しました。

鈴木内閣で行政管理庁長官という軽量ポストをあてがわれていた中曽根さんは、増税ができないのなら行財政改革（行革《ぎょうかく》）を推進しようと、鈴木首相とともに第二次臨時行政調査会（臨調《りんちょう》）を設置し、経団連会長で〝財界総理〟と呼ばれた土光敏夫《どこうとしお》さんを会長に招きます。中曽根さんは、規制緩和や国鉄民営化をはじめとする行革の旗頭《はたがしら》となりました。

軽量ポストが幸いした形です。

臨調・行革路線は、「ポストモダンの利益誘導を整理する政治」と言えるでしょう。モダンは実物経済であり、公共事業に予算を注《つ》ぎ込み、建設に使う鉄とコンクリートの需要を増やして政治家がキックバックを受け取るという利益誘導です。対して、中曽根さんのポストモダンは、利益誘導ではあるけれども、規制緩和や民営化からわかるように、実物経済ではありません。シンボリックな政治手法です。

平たく表現すれば、「（規制という）縛りを外すから、たくさん儲けてくださいね」です。これを、利益誘導型政治の道具にしたところに新しさがありました。

中曽根政権時代の一九八五年九月二二日、当時の先進五カ国（G5。アメリカ、日本、イギリス、西ドイツ、フランス）で「プラザ合意」が結ばれました。各国が為替相場に協調介入して、ドル高を是正することが目的です。そのため円高が進み、輸出企業にとっては大きなデフレ要因になりました。「円高不況」と呼ばれたほどです。

そこで、日本銀行は公定歩合（民間金融機関への貸出金利。現在の「基準貸付利率」）を五回にわたり引き下げ、一九八七年二月には二・五％という、当時の戦後最低水準にしました。つまり規制緩和に加えて金融も緩和したわけです。

金融を緩和すれば、個人も法人も融資を受けて投資に走ります。それによって経済にテコ入れする、新しい政治手法です。

イギリスの政治・社会学者コリン・クラウチは、二〇〇〇年代前半のアメリカにおける投資ブームを「民営化されたケインズ主義（privatized Keynesianism）」と表現しました。ケインズ主義では政府が国債発行などで借金をして財政出動し、需要をつくり出しますが、二〇〇三〜二〇〇四年のアメリカは政策金利（FFレート）が一・〇%と低く、国民が分不相応の借金をして不動産や株式投資をしました。つまり政府が自分の代わりに、国民に借金をさせた。それが「民営化されたケインズ主義」というわけです。

中曽根さんは、この「民営化されたケインズ主義」を一〇年以上も先取りしていたことになります。こうして見ると、中曽根さんは利益誘導型政治のパラダイムシフトをしたと言えます。

プラザ合意の時、G5会議のためにアメリカ（ニューヨークのプラザホテル）に赴《おもむ》いたのが当時、大蔵大臣だった竹下登さんです。のちに竹下さんは経世会の領袖として総裁選に臨み、中曽根さんから後継総裁に指名されて第七四代首相になりました（一九八七年一一月六日）。しかし翌年に発覚したリクルート事件（リクルート社が子会社の未公開株を政財界にばら撒《ま》いた疑獄事件）の責任を取り、一九八九年六月三日に内閣総辞職に追い込まれています。

ここから、自民党の混乱が始まりました。一九九二年八月には、竹下さんと経世会を立ち上げた金丸信《かねまるしん》副総裁の蓄財脱税事件（東京佐川急便から五億円の闇献金を受けていたとされる政治資金規正法違反事件）が朝日新聞のスクープ記事で表面化。金丸さんは東京地検特捜部に逮捕されました（一九九三年三月六日）。

政治とカネの問題が噴き出し、自民党は最大の危機に立たされるのです。この時期は良くも悪くも経世会が政治をつくったと思います。清和会は傍流でした。

官僚とスキャンダル――佐藤

私は外務省時代、経世会の政治家たちと近しい関係にありました。ただ、外務官僚のなかでは少数派でした。山口さんが指摘されたように、経世会にはカネの問題が常につきまとっていました。経世会とつきあうと、利権やカネがらみで面倒くさいことに巻き込まれる恐れがある。だから外務省では少数派だったのです。

むしろ外務省は、伝統的に清和会系の人脈が強い役所です。イデオロギー的な親和性が高いからだと思います。少数であるがゆえに、私には経世会とのパイプ役になるような仕事がとても多く回ってきました。

かつて霞《かすみ》が関《せき》は、「自殺の大蔵、汚職の通産、不倫の外務」と言われたことがあります。要するに、大蔵官僚はメンタルが弱い、通産官僚はカネに弱い、外務官僚は下半身が弱いということです。しかし私に言わせれば、この譬えは不正確です。

大蔵省はメンタルの問題には甘く、大目に見ます。その代わり汚職と女性スキャンダルに厳しい。通産省は業者との関係もありますから、「ある程度はやむを得ないだろう」とカネや汚職には甘い。その代わり、メンタルや女性スキャンダルには厳しい役所です。

外務省は、女性スキャンダルには甘いけれども、メンタルに変調を来《きた》した官僚はライン（中心業務）から外されますし、カネで問題を起こすと「外国から金銭をもらう危険性がある」と、やはりラインから外されます。さる大物外務官僚（故人）は経世会と関係が深く、本省の許可を得ずに金丸さんを頻繁に訪ねたりしていましたが、ラインから外され、情報部門に回されました。

私が上梓した『外務省ハレンチ物語』（徳間文庫）をお読みいただければ、外務官僚のカネと女性にまつわるリアルを知ることができると思います。小説ですが、特定の個人名以外は実話です（笑）。

また、国外で在勤する外務省の官僚には「在勤基本手当」という俸給（本給）以外の手当が支給されます。「外国からカネをもらう危険性」を排除するためです。しかも課税されません。ですから、外務官僚の生涯給与は、他の役人の二・五倍くらいあります。そうした意味においても、カネに関しては厳しい文化がありました。

ただ、役人が政治家にカネをもらうのは、カネが欲しいからではありません。受け取らないと、政治家は「俺を信用していないんだな。おまえとはこれっきりだ。もう来なくていいよ」と関係を断ち切ります。ここに政治家の怖さがあります。役人は、政治家の力を利用できなくなれば、自分が立案した政策も実現できなくなります。

経世会の政治家は「もう来なくていい」が露骨でした。カネの問題に厳しい外務省的な文化では、経世会に接近すると事故を起こす可能性が高まる。繰り返しますが、だから経世会系の外務官僚は少数なのです。

それに対して、清和会や中曽根さんは官僚にあまりカネを渡しません（まったくカネを渡さないというケースは私が知るかぎり、ありませんでした）。特に中曽根さんは吝嗇《りんしょく》（ケチ）でしたから、逆に政策のことだけを議論できたようです。

利益共同体としての野中広務と鈴木宗男――佐藤

経世会の母体は、金丸さんが田中角栄派（木曜《もくよう》クラブ）のなかで結成した（一九八五年二月七日）政策勉強会の創政会《そうせいかい》です。会長には竹下登さんを担ぎました。

これを、金丸・竹下による派内クーデターだと田中さんが激怒したと巷間《こうかん》伝わりますが、三週間も経たないうちに田中さんが脳梗塞で倒れ（二月二七日）、竹下さんは田中派の大部分を連れて独立派閥を結成しました（一九八七年七月四日）。これが経世会です。竹下さんが首相に就任（一一月六日）したあと、金丸さんが経世会の会長になりました。

鈴木宗男さんは金丸さんを「育ての親」と公言していたので、経世会の政治家と思われています。しかし、鈴木さんが派閥に所属するのは経世会が平成研になってからのことで、ずっと無派閥でした。金丸さんの個人預かりという形だったのです。しかも鈴木さんは中川一郎《なかがわいちろう》さん（元科学技術庁長官。福田赳夫内閣で初代農林水産大臣）の秘書を務めていたこともあり、清和会系の人脈もあります。

鈴木さんと同じ一九八三年に初当選し、同じく金丸さんに育てられたという共通点を持つのが野中広務さんです。野中さんが小渕内閣で官房長官の時、鈴木さんを副長官に抜擢《ばってき》しました（一九九八年七月三〇日）。そうしたことから、鈴木さんは野中さんの「側近」であり、二人は「盟友」と見られています。しかし私から見ると、側近・盟友ではなく、「利益共同体」の要素が強かった。

野中さんは国政に出る前は、京都府船井《ふない》郡園部《そのべ》町（現・南丹《なんたん》市）の町長や京都府副知事を務めるなど地方政治歴が長く、京都の補欠選挙で当選して衆議院議員になった時は、すでに五七歳でした。ちなみに、鈴木さんは三五歳でした。そのため、野中さんには子分がおらず、また子分を養うようなカネの集め方もできませんでした。山口さんが言われる「軍団のボス」ではなかったわけです。

いっぽうの鈴木さんは、もともと無派閥とはいえ自分のグループを持っていましたから、その力で野中さんをサポートしました。それがいわゆる「野中─鈴木ライン」です。鈴木さんと野中さんは手を結ぶことで、たがいに裨益《ひえき》していたと思います。だから私は、二人を利益共同体と見ているのです。

二人は、考えていることにかなりの違いがありました。野中さんは、鈴木さんと切り離して私だけを呼びました。私は鈴木さんと野中さん、二人の話を別個に聞く立場にあったわけですが、「あれ、二人はコミュニケーションが取れているようで、取れていないところがあるな」と感じたものです。

最終的に、野中さんと鈴木さんの利益共同体は瓦解します。それは民主党政権の時で、テレビ番組（二〇一〇年七月二一日放送）に出演した鈴木さんが、「一九九八年の沖縄県知事選で内閣官房報償費（機密費）が使われた」と話したことが原因でした。自民党が推す新人候補の稲嶺恵一《いなみねけいいち》さん陣営に、陣中見舞いとして機密費から三億円が渡っていたというものです。当時の官房長官は野中さんです。野中さんは「陣中見舞いを出したことなどない」と否定したものの、野党やメディアによる追及を浴びました。

元官房長官・元副長官の「盟友コンビ」であっても、近いようで距離がある。私は、人間関係の機微を間近で見る思いでした。

自民党最大の窮地――山口

リクルート事件、東京佐川急便事件、金丸事件と立て続けにカネにまつわる事件が起き、一九八〇年代末から一九九〇年代前半にかけて、自民党は最大の窮地に陥りました。「政治改革」と「政界再編」を叫ぶ世論が自民党を追い詰めます。

振り返ると、第三章で述べたとおり一九九三年に宮澤内閣が倒れました。野党が提出した内閣不信任案（六月一八日）に、少数派閥だった小沢一郎さんや羽田孜さんらのグループが同調（賛成二九、欠席一六）。不信任案が可決・成立します。小沢・羽田グループは自民党を離党して新生党を結成しました（六月二三日）。

宮澤さんは内閣を解散して総選挙に出ますが（第四〇回衆議院議員総選挙。七月一八日投開票）、自民党が過半数割れで宮澤内閣は総辞職。小沢さんは、日本新党代表の細川護熙さんと組んで非自民・非共産の連立政権（八党派）、すなわち細川内閣を誕生させるのです（八月九日）。

その細川政権も、一年も持たずに崩壊しました（一九九四年四月二八日）。表向きの要因としては、細川さんの資金疑惑がありました。政治改革四法案（公職選挙法改正案、政治資金規正法改正案、政党助成法案、衆議院議員選挙区画定審議会設置法案）が参議院で否決されたあと、実際には連立政権内に深い亀裂が生じていました。

特に社会党の左派が政治改革四法案に反対し、連立政権内で浮いてしまった。小沢さんも社会党に愛想《あいそ》をつかします。細川さんが突如として辞意を漏らすと、小沢さんは渡辺美智雄さんを巻き込んで連立与党内の組み換えを画策しましたが、渡辺さんに自民党を離党する意思はなく、小沢さんの構想は頓挫《とんざ》します。のちに小沢さんは「政界の壊し屋」と呼ばれるようになりますが、その原点はこの頃にあったのです。

いずれにしても、社会党の一部が政治改革四法案に反対しなければ、細川政権はもうすこし続いていたでしょう。しかし社会党の本音は、五五年体制を維持することにありました。見方によっては、社会党という政党は保守的な組織なのです。

細川連立政権が倒れたあと、羽田さんが非自民・非共産の連立で組閣するも、社会党が小沢さんに〝いびり出されて〟連立から離脱。二カ月あまりで退陣し、自社さ三党の連立政権（村山富市内閣）が成立しました。その後、小沢さんは野党の政治家を糾合《きゅうごう》して新進党を立ち上げます（一九九四年一二月一〇日）。党首は自民党を離党した海部俊樹《かいふとしき》さん（第七六～七七代首相）です。

しかし、こちらも党内の対立が激しく、一九九七年末に自由党（小沢グループ）、国民の声（反小沢グループ）、改革クラブ（若手グループ）などに分裂。自由党は小渕政権と組み、いわゆる「自自連立」を成立させるものの、小渕さんがこれに公明党を加えた「自自公連立」を企《くわだ》てたことで小沢さんは反発し、この連立政権もあっけなく幕を閉じました（二〇〇〇年四月）。「壊し屋」の面目躍如《めんもくやくじょ》といったところでしょうか。

小沢さんはさまざまな仕掛けをしましたが、自民党が大きく割れることはありませんでした。そこが自民党らしさと言えるでしょう。自社さ三党で連立を組み村山政権をつくったのは、自民党の権力欲のなせる業《わざ》であり本質なのだと思います。

その点で細川さんは、権力に執着しませんでしたね。瞬間的に時代の風をつかむ能力には長《た》けていたけれども、党を大きくする力はありませんでした。政界引退後は、陶芸や書画の道を歩んでいます。余談ですが、私の知る編集者が新幹線で細川さんと乗り合わせ、名刺交換をしたところ、個展の案内状が届くようになったそうです。

生き延びた自民党——山口

村山さんが退くと（一九九六年一月一一日）、橋本龍太郎さんが首相（第八二～八三代）に就任。以後、小渕さん、森さん、小泉さん、安倍さん、福田さん、麻生さんと、二〇〇九年の政権交代まで、自民党総裁が首相の座に就きました。自民党は一九九〇年代前半の危機をしのぎ、生き延びたのです。

小泉政権が誕生（二〇〇一年四月二六日）してからは、自民党の変質は顕著になります。すでに一九九六年の衆議院議員総選挙から小選挙区制が導入され、個々の政治家は「自民党公認」の看板で楽に選挙に勝てるようになっていましたが、小泉さんが「劇場型」と呼ばれるポピュリズム的政治手法によって風を起こしたことで、党の看板と党総裁のキャラクターは、ますます重みを増しました。政治家にすれば、コツコツと地元を回って支持者や小口《こぐち》の献金を集めるような地道な努力がばかばかしく感じられるようになったことは容易に想像がつきます。

小泉さんは、中曽根政権で始まったシンボリックな利益誘導を、さらに全面的に展開しました。「聖域なき構造改革」を掲げた規制緩和と金融緩和です。小泉さんは二〇〇四年一月一九日、衆議院本会議の施政方針演説で次のように述べました。

構造改革なくして日本の再生と発展はないというこれまでの方針を堅持し、「天の将《まさ》に大任をこの人に降《くだ》さんとするや、必ずまずその心志《しんし》を苦しめ、その筋骨《きんこつ》を労せしむ」という孟子《もうし》の言葉を改めてかみしめ、断固たる決意を持って改革を推進してまいります。私は、就任以来、民間にできることは民間に、地方にできることは地方にとの方針で改革を進めるとともに、国際社会の一員として我が国が建設的な役割を果たすことに全力を傾けてまいりました。（中略）民間の活力と地方のやる気を引き出す金融、税制、規制、歳出の改革をさらに加速し、政府は日銀と一体となって、デフレ克服と経済活性化を目指してまいります。

（衆議院ホームページ）

「政府は日銀と一体となって」とあるとおり、日銀は政策金利を低く据え置くと同時に量的緩和（市場に供給する資金量を増やすこと）を実施しました。また、財務省は外国為替市場で円売り・ドル買いを行ないました（二〇〇三～二〇〇四年で総額約三三兆円）。円安誘導で輸出企業を優遇し、収益を向上させて株価上昇を図る政策です。安倍さんも同じ手法を採用しましたが、円安で株価を上げることが政権のテーマになるのは小泉政権の時に始まっていたのです。

ただし円安政策とは、つまるところ一般庶民から大企業への「見えない所得移転」です。しかし見えないだけに、国民は「改革」と言われて「そんなものかな」と受け入れ、小泉政権を支持しました。

政治とワイドショー──佐藤

小泉政権を象徴するのが〝小泉チルドレン〟の一人、杉村太蔵《すぎむらたいぞう》さんです。彼は郵政解散後の選挙（第四四回衆議院議員総選挙。二〇〇五年九月一一日投開票）に比例南関東ブロックから出馬して、三五位から当選しました。

祝勝会やマスメディアのインタビューで「早く料亭に行きたい」「これでBMWが買える」などと放言し、ウケたり非難されたりしました。まさしく、劇場型・ワイドショー型政治の申し子のような人物です。

しかし、彼の言動・行動を冷静に見れば、政治家はひとつのステップにすぎなかったことがわかります。歳費を蓄財して、それを原資に株式投資をしたら非常に儲かったらしい。彼は今、投資家兼ワイドショーのコメンテーターとして、政治家の頃とは異なるフィールドで活動しています。政治を踏み台に上昇する。政治を軽く扱う意思はないようですが、その大事な部分を破壊してしまったと思います。

ワイドショーつながりで想起するのは、前章で山口さんが言及された田中眞紀子さんのパフォーマンスですね。彼女は無派閥ですが、大変な発信力がありました。

小泉さんが自民党総裁選（二〇〇一年四月二四日）に出馬した時、田中さんは東京・銀《ぎん》座《ざ》の数寄屋橋《すきやばし》交差点で小泉さんと選挙カーに乗り「変人（小泉さんのこと）の生みの母が責任を持って健康優良児に育てます」などと応援演説。その模様をワイドショーが放映しました。

数寄屋橋交差点に、自民党員が何人いたかはわかりませんが、それまでの総裁選で、あれほどワイドショーを巧《たく》みに使った例はありません。〝変人〟小泉さんと〝じゃじゃ馬〟田中さんが出会ったケミストリーで、二人がワイドショーの世界にまで降臨した形です。

当時、テレビ番組「ニュースステーション」のキャスターをしていた久米宏《くめひろし》さんは大学時代、田中さんと同じ演劇サークル「劇団こだま」に所属していました。その縁で、久米さんは、田中さんを親しみやすい政治家として番組で取り上げました。つまり政治家にとって、テレビの情報番組はブルーオーシャンだったわけです。

ブルーオーシャンとは未開拓で競争相手がいない市場のことで、そこを開拓すれば勝てます。「軍師」と呼ばれる飯島勲《いいじまいさお》さん（小泉内閣で首相秘書官。安倍・菅・岸田内閣で内閣官房参与）は、全国紙とあまりつきあわない代わりに、スポーツ紙や夕刊紙や週刊誌と深くつきあっています。それによって、飯島さんが仕《つか》えた宰相たちの人気を下支えしたのです。

小泉純一郎政権が長期政権になった対外要因——山口

小泉さんの首相在任期間は一九八〇日、憲政史上第六位です（上位五人は安倍晋三、桂《かつら》太郎《たろう》、佐藤栄作、伊藤博文《いとうひろぶみ》、吉田茂）。小泉さんが長期政権を維持できた背景には、国際環境も無視できません。

ひとつは、「9・11」以後のテロとの戦いです。

二〇〇一年九月一一日、アメリカで同時多発テロが起きました。小泉さんはすぐさま「極めて卑劣《ひれつ》かつ言語道断《ごんごどうだん》の暴挙であり、このようなテロリズムは決して許されるものではなく、強い憤《いきどお》りを覚える」との声明を発表。自衛隊の海外派遣を中心とする新規立法（テロ対策関連三法案。テロ対策特別措置法案、自衛隊法改正案、海上保安庁法改正案）を準備し、九月二五日にはワシントンD.C.でジョージ・W・ブッシュ（ブッシュ・ジュニア）大統領との首脳会談を行ないました。この対米協力路線は、のちのイラク特措法（二〇〇三年七月二十六日成立）に繋がります。

もうひとつは、北朝鮮への電撃的な訪問です。

小泉さんは二〇〇二年九月一七日、金正日《キムジョンイル》（朝鮮労働党総書記）と会談し、拉致被害者の安否確認を求めました。小泉さんは北朝鮮側から提示された内容に抗議しますが、継続調査を約束させ、拉致被害者五人が帰国します（一〇月一五日）。二〇〇四年五月二二日、小泉さんはふたたび訪朝しましたが、この時は新しい安否情報は得ていません。

ワールド・トレード・センタービルの倒壊と拉致被害者の帰国――西と東で生じた大事件は、冷戦構造を可視化しました。それを強調することで、小泉さんは国内政治の安定化と政権への求心力強化を進めたと思います。

そこで、佐藤さんにうかがいます。佐藤さんは、小泉さんの訪朝および日朝首脳会談に向けて北朝鮮との交渉にあたった田中均《たなかひとし》さん（当時、外務省アジア大洋州局長）をどう評価していますか。

〝死ななかった〟外交官――佐藤

北朝鮮との交渉は、実は森喜朗政権の頃から行なっていました。森さんはそのためのルートを開拓し、当然、外務省もかかわっています。小泉政権になって、田中さんと小泉さんが組んで進めようということになったのです。

小泉さんの一回目の訪朝は、私の初公判の日でした。同日の夕刊には、小泉さんが金正日と握手する写真とともに、記事が一面に大きく載りました。おかげで、私の裁判の記事は小さくなりました。私は小泉さんに感謝しなければなりません(笑)。

田中均さんに関して申し上げると、私は彼のやり方をまったく評価していません。まず彼は、北朝鮮との重要な交渉について公電を残していないのです。記録がなければ、交渉経緯がブラックボックスになってしまいます。

また一回目の首脳会談で、北朝鮮は拉致被害者八人の死亡確認書を提出しましたが、日本側は書類の中身を確認せずに、すぐに受け取ってしまいました。確認さえしていれば、死亡した日時や場所がバラバラにもかかわらず、なぜ死亡確認書を発行した病院が同じなのかなど、さまざまな矛盾点を指摘できました。

さらに、私が外交の現場にいた頃はチームを組んでいましたが、田中さんは通訳の〝一本釣り〟で、チームではありませんでした。首脳会談に同席できる人間はかぎられているけれども、荷物を運ぶ係や連絡役のスタッフなど全員をチームとして朝鮮語の専門家にしておけば、北朝鮮側から受け取った文書をすぐに分割して、チームで翻訳することができたはずです。

外交官の仕事は、利害がなかなか合致しない二国間の間にある「細い線」を見出していくことです。日朝関係なら、北朝鮮からは「植民地時代の反省がない。帝国主義だ」となじられ、日本からは「北朝鮮の手先だ」と罵《ののし》られる。そのギリギリのところで交渉をまとめあげるのが外交官なのです。外交官が二国両方からよく見られようとしたら、交渉などできるわけがありません。

二〇〇二年の日朝交渉における大きな問題は、田中さんが北朝鮮とした約束を破ってしまったことです。

外交交渉は二つの約束、すなわち「小さな約束」と「大きな約束」によって構成される場合があります。小泉訪朝時の「小さな約束」は、日本に帰国した拉致被害者を二週間後に北朝鮮へ帰すことでした。「大きな約束」は、北朝鮮が核開発を中止・廃絶する代わりに日本は経済協力を行ない、アメリカと北朝鮮の国交正常化を助けることです。

もちろん「小さな約束」を守ったからといって、「大きな約束」が履行《りこう》される保証はありません。ただし「小さな約束」を破る人は、絶対に「大きな約束」を守りません。田中さんにはわかっていたはずです。すなわち――帰国した拉致被害者を北朝鮮へ戻すことは日本の世論が許さないだろう。しかし、それでは北朝鮮との約束を破ることになる。絶望的なまでに打つ手がない――と。

しかし、方法はあります。〝外交官として死ぬ〟ことです。つまり、辞職する。しかし、彼は外務省を辞めませんでした。それどころか、先頭に立って北朝鮮を攻撃し始めました。

もし田中さんが「小さな約束」を守れなかった責任を取って辞職していれば、日本側は北朝鮮に対して「貴国が約束に拘泥《こうでい》するから、窓口として貴国の利益をもっとも理解している外交官を解任しなければならない事態に追い込まれたのだ」と言うことができる。そうすれば、北朝鮮は「なるほど、日本との交渉の閾値《いきち》はこれぐらいだ」とわかるわけです。

そして、ほとぼりがすこし冷めた頃、田中さんを参議院議員にし、政治任用で北朝鮮外交担当の職を与えればよかったのです。しかし、田中さんもそれ以外の外務省幹部も、前述のように北朝鮮攻撃に回りました。それでは北朝鮮側も不信感が高じ、信用できるのはトップだけと判断します。すなわち当時としては小泉さんが動かないかぎり解決できない。だから小泉さんの二度目の訪朝は、「小さな約束」を守らなかった詫びを入れに行ったのです。

小泉さんのあとは、山口さんが述べたように安倍晋三さん、福田康夫さん、麻生太郎さんが政権を担い、二〇〇九年に民主党による政権交代を迎えます。その民主党からふたたび政権を奪取したのが（二〇一二年一二月）、安倍さんです。

ただ、安倍政権の本質については『長期政権のあと』で、菅政権については『異形の政権──菅義偉の正体』（祥伝社新書）で詳述していますので、次章では自民党が存続できるか否かについて論じたいと思います。

第五章

自民党の息の根を止める政党

岸田政権への退場勧告――山口

低支持率でも岸田政権が続いていることを「深海魚のようだ」と佐藤さんは第二章で指摘されましたが、それは岸田政権を脅かすような野党勢力がいないことの表れでもあります。むしろ私は、連立与党である公明党のスタンスに瞠目《どうもく》しました。

公明党の山口那津男代表は、「（裏金問題で）政治不信が深まっている状況を裏づけるように（岸田政権の）支持率が下がり続けており、信頼を回復するトレンドをつくり出さないかぎり、解散はすべきではない」と記者会見で発言（二〇二四年三月五日）。続いて、同党の石井啓一《いしいけいいち》幹事長は、テレビ番組で「選挙で選ばれた総裁は、非常に支持率が高くなるということがある。総裁選挙（九月）のあと、今年（二〇二四年）の秋が一番（解散の）可能性が高いのではないか」と語りました（BSテレビ東京「NIKKEI日曜サロン」三月一〇日）。

これらの発言に、私は驚きました。まさに驚天動地《きょうてんどうち》です。

日本国憲法は第七条で「天皇は、内閣の助言と承認により、国民のために、左の国事に関する行為を行ふ」として、「三　衆議院を解散すること」と定めています。また第六九条は「内閣は、衆議院で不信任の決議案を可決し、又は信任の決議案を否決したときは、十日以内に衆議院が解散されない限り、総辞職をしなければならない」としていますが、戦後、第六九条にもとづく解散が四回なのに対し、第七条による解散は二〇回。そのため、議論の余地はあるものの、衆議院の解散は、首相の〝伝家の宝刀〟〝専権事項〟と呼ばれるわけです。

そこに連立与党のトップが踏み込んだ。これは、公明党による岸田さんへの、事実上の「退場勧告」です。首相の権限行使を公明党が主導・束縛した形だからです。三月の報道を見て、私は早急な解散はないと確信しました。

案の定、岸田さんは「今は政治改革などの先送りできない課題に専念し、結果を出すこと以外は考えていない」と記者団に話し（六月四日）、国会（第二一三回通常国会）を解散しませんでしたし、山口さんも「今、この支持率では（解散は）簡単ではない。政権は安定してこそ良い政策を実行できる。そういうものが勝ち取れるタイミング、状況をよく見るべきだ」と重ねて強調しました（ラジオ日本「岩瀬惠子のスマートＮＥＷＳ」六月一二日）。

公明党は怒っている——佐藤

鋭《するど》いご指摘です。首相の解散権を連立与党が縛るのは禁じ手です。しかし、その禁じ手を、山口代表と石井幹事長は使った。公明党は岸田政権に相当怒りを覚えているのでしょう。おっしゃるように、公明党は岸田さんに対して「あなたには解散の時期を決められませんよ」と「警告」したのです。

なぜ公明党が怒るのか。端的に言って「防衛装備移転三原則」（以下、「三原則」）の改定（第一章で詳述）が大きな要因になったと私は見ています。

まず政府は二〇二三年一二月二二日、「三原則」を一〇年ぶりに改定し、殺傷能力のある武器（迎撃ミサイル、大砲、弾薬など）の輸出を解禁しました。武器のライセンスを持つ外国の軍需産業に特許使用料を払って国内企業が製造する武器を、ライセンス元の国に完成品として輸出するというものです。「ペトリオット」が代表例ですが、日本から「ペトリオット」がライセンス元であるアメリカに渡れば、ゆくゆくはウクライナで使われることになります。

そして二〇二四年三月二六日には、政府はふたたび「三原則」の運用指針を改定して、イギリス、イタリアと共同開発する次期戦闘機（F－2後継機）を第三国に輸出できるようにしました。日英伊三カ国による共同開発は「グローバル戦闘航空プログラム」と命名され、二〇三五年までに次期戦闘機の開発完了を目指しています。

公明党は、武器を第三国へ輸出可能とする場合には、岸田さんが国会できちんと説明し、ルールを厳格化すべきだと主張しました。公明党の若手政治家が自民党の動きに流されかねない恐れもあります。つまり「総理、いい加減にしなさい」と怒り、歯止めをかけた。ひとまず岸田さんは、第三国への輸出について閣議決定を二重に設けるなど公明党の要求に応じましたが、自公の間で大きな軋《きし》みが生じていることはまちがいありません。

そもそも「三原則」の改定は、閣議決定ですませるイシューではありません。自公それぞれの政務調査会で調査・研究し、国会の審議を経てコンセンサスを得なければならないはずです。しかし、今回の「三原則」改定は国会で審議されていません。立てつけ上、「三原則」の運用指針は国家安全保障会議（NSC）の決定事項となっているからです。共産党の小池晃《こいけあきら》書記局長が「密室協議だ」と批判するように、得体の知れないところで「三原則」が改定され、それをあとから追認するのは危険きわまりないと思います。

重要な民主主義の手続きがないがしろにされている。それはなぜなのか。キーワードは山口さんが述べられた「家産制国家」です。すなわち政府・首相と官僚が、王と家来の関係になっている。「制度」の持つ意味が形骸化《けいがいか》し、家来は王の命じることに、ただ「御意《ぎょい》、御意」と言うだけなのです。

「反政党」の時代——山口

世界的に、政党政治が脆《もろ》くなっています。あらゆる国で「反政党」を掲げる政党とリーダーが支持を集めるという共通した現象が起きているのです。この現象は、ポピュリズムと言い換えてもいいかもしれません。

政治学の観点から見れば、二〇世紀的な「キャッチ・オール・パーティ（catch-all party／包括政党）」、あるいは「インタレスト・ポリティクス（interest politics／利益政治）」が非常に困難になった。これが大きな前提条件です。つまり、政党に〝ぶら下がって〟もあまりいいことがないということです。

その理由のひとつは、資本主義そのものが変質したことです。富《とみ》が偏在し、同時に貨幣の記号化が進みました。実際に使うためではなく、数字として増やすためのマネーになってしまいました。

二つ目は、非正規雇用が増えるなど、雇用の形態がどんどん変わってきました。労働者の側で言うなら、かつては製造業や建設業など第二次産業で働く人間が、団結することによって賃上げ、賞与、待遇改善などを獲得できましたが、そんな実感を持てる産業は衰弱しました。いっぽう、個人の業績が報酬に直結するサービス業や販売営業が成長してくる。そのため、労働組合のような利益団体は弱体化し、規制緩和と貿易の自由化によって、農業団体なども弱体化していきました。

古い産業が退場して、新しい産業が台頭する。言わば産業構造における新陳代謝《しんちんたいしゃ》が、二〇世紀のインタレスト・ポリティクスを支えた主体を弱体化させました。だから「政党にぶら下がってもいいことがない」時代になったのです。しかも政党が二〇世紀に築いた利益配分システムが、特定の組織・職業にしか利益をもたらしてないことも可視化されてきました。そこで、便利に使われるのが「既得権益批判」というシンボルです。

さらに「ポリティカル・コレクトネス（political correctness／政治的正しさ）」に対する

疲れが、人々の間に芽生えてきました。「平等」「公平」に象徴される二〇世紀的な正義・ルールが重たく感じられるのです。特にアメリカの白人男性や、ヨーロッパの伝統的キリスト教徒に顕著です。

そうした社会心理に乗じて、新しい政治的な動きが出現しました。「〇〇フォビア」の時代と言えるでしょう。「フォビア（phobia）」とは心理学用語で「恐怖症」を意味し、たとえば「高所恐怖症」は「アクロフォビア（acrophobia）」です。これを政治に置き換えると、「イスラムフォビア（Islamophobia／イスラム嫌悪・恐怖症）」や「ゼノフォビア（xenophobia／外国人嫌悪・恐怖症）」など、排外的な「〇〇嫌い」で人々を束《たば》ね、政治活動を行なうような勢力が現れました。理念や思想信条で自発的に結社化した既成の政党とは属性が異なります。すなわち「反政党」です。

ヨーロッパでは、オランダの総選挙（二〇二三年一一月二二日投開票）で「自由党（PVV）」が勝利しました。ドイツでは第二章で取り上げた「ドイツのための選択肢（AfD）」が欧州議会選挙で第二党に躍り出ました（六月九日）。どちらも極右政党で、「反イスラム」「反移民」を掲げています。

また前章で紹介したコリン・クラウチは、現代のポピュリズムを分析するなかで「悲観的ノスタルジア（pessimistic nostalgia）」という言葉を用いました。トランプの言う「アメリカをふたたび偉大な国に」や、安倍さんの「日本を取り戻す」に象徴されるような復古維新思想――古き良き時代に戻ろうとする潮流を「悲観的」だと言うのですが、これが世界で民衆の支持を集める傾向にあります。

イギリスでは、二〇一六年にEU離脱（ブレグジット）を決める国民投票が行なわれました。当時よく使われた言葉が「テイクバック・コントロール」です。すなわちEU域内に流入する移民・難民を排除し、自分の国は自分でコントロールする、権限を取り戻すという意味です。「アゲイン」と「バック」が、今のポピュリズムを解読する鍵になっています。

光と闇――佐藤

ロシアには「フォビオクラツィア（フォビアクラシー）」という言葉があります。嫌悪、恐怖による統治体制のことです。嫌悪や恐怖を巧みに用いた政治が世界的規模で広がっています。

日本にいると皮膚感覚で実感しにくいですが、ヨーロッパ大陸では、人種、言語、宗教など属性の異なる人々が移民となって自分の住む国に流入する恐怖心は、残念ながら否定できないのでしょう。実際、移民・難民による事件も多発しています。

ヨーロッパ各国は、安価な労働力として移民を受け入れました。それが移民第一世代、すなわちみずからの意思で移住してきた人たちです。彼ら第一世代は、いわゆる「3K(きつい、汚い、危険)」の仕事に従事したわけですが、その子どもたちである第二世代はヨーロッパで生まれ育ち、その地の言語も習得し、高等教育を受け、学知やスキルを身につけました。ところがヨーロッパ社会は、そんな第二世代でも自国民と同等に遇することはありませんでした。

そのため移民第二世代は、「自分が白人だったら、あるいは移民でなければ、希望する業種・企業に就労できたはずなのに」という意識を持ちます。非合理的な理由で排除されている、ないことになっている人種差別主義がやはりあるではないか、と。この意識を理論化・組織化していけば、排除される側の人たちを扇動することも可能です。右派的な

「反政党」とは逆のベクトルですね。

ユダヤ教のカバラ（神秘思想）では、流れゆく時間とともに光と闇が同量に蓄積されるとします。光と同じだけ闇が出てくる。そしてある時、光と闇はクラッシュを起こします。

移民の人権を政治的正しさで保障することを光とするならば、闇の部分では、移民を忌避する「排除の論理」を生《な》さしめるのです。光と闇のクラッシュが現実社会でどのように表出するのか、予見は困難ですが、クラッシュが起きないと言い切ることもできません。

「戦争の時代」の政党——山口

ウクライナとガザ地区で戦闘が続いています。この戦争の時代における政党政治では、理性的な政策論議や事実を基《もと》にした討論が難しくなりました。戦争状態は当事国に権力の集中をもたらし、政権への批判を抑圧します。したがって、現代は二〇世紀後半の平和な時代、もしくは冷戦時代の西側の政党政治モデルが崩壊したと言えるでしょう。

日本の政治を見渡すと、ただでさえ自民党が強い今の日本の政治土壌のなかで、対抗勢力が育ちにくいという問題があります。そこに重なるように、二〇二〇年代に入ってから、世界的な政党政治の危機が顕在化しました。

二〇二四年七月に英仏で同時に選挙がありました。そこで起きた変化は、伝統的な政権交代とは違います。イギリスでは、保守党に対する国民の不信があまりにも大きいために労働党が〝棚ボタ（棚から牡丹餅《ぼたもち》）〟で政権を獲りました。しかし、得票率は三四％しかなく、右派ポピュリスト政党の改革党が保守党からかなり票を奪った結果でもあります。

フランスの場合、国民連合が躍進していますが、これも右派ポピュリストによるノスタルジーの政治が支持された結果です。これから世界の政党政治がどう変化していくのか、容易に展望できません。

では、日本の野党の現状はどうなのか。

まずは立憲民主党と国民民主党を見ていきます。どちらも源流は、かつて政権与党だった民主党です（民主党→民進党→立憲民主党。民主党→民進党→国民民主党）。岸田政権の支持率の低さは、自民党にとって大きな問題ですが、政権交代の空気はありません。なぜなら民主党が二〇一六年三月に解散し、自民党の受け皿、つまり政権交代の主役が見当たらないからです。

イギリスは戦後、保守党（中道右派）と労働党（中道左派）の二大政党が政権を担ってきました。二〇一〇年五月に発足したデーヴィッド・キャメロン内閣以来、保守党が与党でしたが、前述のように、二〇二四年七月四日の総選挙で、労働党が一四年ぶりに政権を奪還しました。

先ほど政権交代の意味をやや否定的に評価しましたが、それにしても受け皿があるというのはイギリスのとりえではあります。イギリスの政党は地域に根を張り、組織も盤石《ばんじやく》ですから、党を割ることがありません。しかも二大政党制で、仮に与党から野党に下野して〝冬の時代〟を迎えても、一〇〜一五年も雌伏《しふく》していれば風向きも変わるだろうと、息長く野党暮らしをします。譬えて言うなら、イギリスの与党と野党はコインの裏表です。時間が経過して、片面が汚れたり錆《さ》びてきたりしたら裏返す。それがイギリスの政権交代です。

しかし日本の場合は、せっかく政権交代を起こしたのに、民主党が分裂してコインの片面が消えてしまいました。それからは、裏も表も自民党のような状態です。

今でこそ立憲民主党は野党第一党ですが、設立の経緯に問題点があったと思えてなりません。そもそも同党は二〇一七年一〇月に結党し、三年後の二〇二〇年九月一四日に解党していますから、設立時のほうを「旧立憲」と呼ぶ向きも多くあります。その「旧立憲」が解党翌日に合流新党として発足したのが、今の立憲民主党です。

では、二〇一七年結党の「旧立憲」のどこに限界があったのか。

第二章で佐藤さんが言われたように、小池百合子さんの「排除発言」に反発した枝野幸男さんたちが、緊急避難的に「旧立憲」を立ち上げました。その「緊急避難」が次の段階に発展しなかった。あの時は五五年体制的な護憲派左翼の再生に近い形で「旧立憲」が誕生し、その瞬間は風が吹きました。ところが「立憲」「護憲」は少数派による抵抗の論理であって、どうしても天井ができてしまう。これも第二章で触れましたが、獲得議席数の目標が全議席の三分の一、すなわち改憲阻止で止まってしまうからです。

政治学者の境家史郎《さかいやしろう》さん（東京大学大学院法学政治学研究科教授）は、著書『戦後日本政治史――占領期から「ネオ55年体制」まで』（中公新書）において、現在の国内政治状況を「ネオ五五年体制」と呼びました。第二次安倍政権以後（二〇一二年一二月〜）、野党間の分断が進み、自民党一党優位、すなわち、かつての五五年体制が一周回って戻ってきたという指摘です。

二〇二四年七月現在、衆議院議員定数四六五のうち自民党は二五八、公明党が三二。野党側は立憲民主党（九九）をはじめ、合計で一七五です。

「旧立憲」と同じように、結党時（二〇一八年五月）の国民民主党を便宜上、「旧国民」とするならば、同党は希望の党から分党した国民党が民進党に合流し、党名を国民民主党に変更する形で誕生しました。そして、自由党との合併（二〇一九年四月）を経たうえで二〇二〇年九月、立憲民主党との合流をよしとしない議員たちにより、現在の国民民主党結党に至ります。

国民民主党を支援するのは、連合傘下のいわゆる民間四産別《さんべつ》（産業別労働組合）、すなわちUAゼンセン（繊維ほか）、自動車総連、電機連合、電力総連です。これらの労組は全国組織ですから、その幹部を国民民主党が公認候補として非拘束名簿（政党が候補者の当選順位を決めない）に載せ、参議院比例代表に送り出します。しかし、二〇二二年の参院選（第二六回参議院議員通常選挙。七月一〇日投開票）では、四産別候補のうち現職一人が落選。まるで産別間の〝椅子取りゲーム〟の様相を呈しました。

ちなみに落選したのは、電機連合の組織内候補で国民民主党の副代表も務めた矢田稚子《やたわかこ》さんで、落選後に政治家を引退しています。ところが二〇二三年九月一五日、岸田さんから首相補佐官に任命されました。自民党による労組票取り込み、野党切り崩しではないかと言われています。

ご承知のとおり、参議院比例代表選挙は政党名か候補者個人名のどちらかを書いて投票し、合算した得票数から各党の議席数が決まるので、党勢が当落を左右します。したがって現状、産別の代表を参議院議員にするという観点だけで考えれば、労組は国民民主党よりも立憲民主党の支持に回ったほうがいいわけです。立憲民主党を支援する労組は、旧総評系の自治労、日教組、ＪＰ労組（日本郵政グループ労働組合）などです。もし自動車総連や電力総連がこちらに加われば、参議院比例代表で上位当選する可能性が高まります。

しかし、そのような動きはありません。私は不思議に思っていたのですが、労組が無理して参議院議員を送り出す必要もないという時代になったのでしょう。

野党再編と維新の会——佐藤

前原誠司さんのグループが国民民主党を離党し、新党「教育無償化を実現する会」を立ち上げました（二〇二三年一一月一三日）。国民民主党からは除籍処分）。私は、ワン・イシューとしてはいいところに目をつけたと思います。

次いで前原さんは、衆議院・参議院で維新の会と統一会派を組みましたが（二〇二四年一月一六日届け出）、この先、小が大を飲み込むように、前原グループが維新の会よりも力を持つ可能性は否定できません。

前原さんの展望は、非共産の野党連合でしょう。立憲民主党と国民民主党が合同するような方向では無理がある。それより、ポピュリズム政党で組織活動もさほどしていない維新の会を第三極として立憲・国民にくっつけ、とりあえず数合わせをする。数合わせの再編をしていくなかで何かを生み出すしかない。これが彼の戦略だと思います。

野党は是々非々《ぜぜひひ》で政権与党に協力してはいけない——これが前原さんの持論です。私は彼と話していて、そう認識しました。つまり政権側と意見の違いが二割あれば、文句をつけて対立するのが野党の仕事であって、安易に協力すべきではない。そのためには野党が固まらなければいけないし、固まるには維新の会のほうから立憲・国民にアプローチするベクトルをつくれないかと前原さんは考えているようです。

維新の会に関連して言えば、私は公明党大阪府本部の党員研修会で講演した際（二〇二四年二月二七日）、維新の会を引き合いに出して聴衆に呼びかけました。もちろん、講演のテーマが「日本社会における公明党の役割」でしたから、煽《あお》ることが目的だったわけではありません。私が話したのは自公連立政権の評価や、公明党の活動における教義的な裏づけが主体です。

ただ、私はこうも話しました。

「維新の橋下徹《はしもととおる》さんが、かつて『宗教の前に人の道がある』と発言しました。みなさん、許せますか」

二〇一四年のことですが、当時、維新の会共同代表で大阪市長だった橋下さんは、彼が推進していた大阪都構想の住民投票に反対した公明党（大阪市議団）にキレて、「公明党の支持基盤のみなさんは宗教を説いていますが、宗教の前に人の道があるんじゃないか」と発言。それを踏まえて、私は「許せますか」と問いかけたわけです。人間の心の問題に鈍感な維新の会の体質を表象するような発言だからです。当然、聴衆の反応は「絶対に許せない」でした。

また「自民党との選挙協力にも、みなさん、違和感があるのではないですか」とも言いましたが、「まだ自民党のほうが変わる可能性があるけれども、維新の会は一〇年経っても公明党とは価値観が一致できないでしょう。維新の会はいつまで続きますか」と、付け加えました。

公明党大阪府本部の幹部は、講演会場の控室で私に「万博とＩＲ（統合型リゾート施設）のツケで大阪は大変なことになる」と言及。万博もＩＲも大阪への誘致を積極的に推し進めたのは維新の会です。この先、万博にいくら税金を投入するのか（万博会場建設費の三分の二を国と大阪府・市が負担）。カジノを含むＩＲ（統合型リゾート施設）で懸念されるギャンブル依存症問題はどうするのか。こういう疑問を素直に口にしました。

すでに公明党と維新の会は、次の衆議院議員選挙で小選挙区（関西の六選挙区）に双方が対立候補を立てるなど、これまでの協力体制を解消して全面対決の姿勢を明らかにしています。公明党によれば、維新の会と縁を切ったことで、万博やＩＲの批判と責任追及がさらにしやすくなったとサバサバした様子でした。

除名か、離党か——佐藤

二〇二三年一〇月一〇日、鈴木宗男さんは維新の会を離党しました。発端は、鈴木さんのロシア訪問（同年一〇月一日〜五日）です。維新の会は事前の届けがなかったことと、現地で鈴木さんが「ロシアの勝利、ロシアがウクライナに屈することはないと確信している」と発言したことを問題視して、党紀委員会で除名処分を決めました。しかし、維新の会の馬場《ばば》伸幸《のぶゆき》代表と藤田《ふじた》文武《ふみたけ》幹事長が処分方針を伝える前に、鈴木さんが離党届を出し、処分は白紙になったのです。実はこの時、私は鈴木さんに助言しました。

馬場さんと藤田さんが会いに来ると言うので、「ロシアの勝利」発言を問題とするのなら、認識を述べただけであると主張すること。次に弁護士を同席させること。そしてプレス（マスメディア）を呼ぶこと——主にこの三点です。

鈴木さんは「ロシアが勝利する」「ロシアがウクライナに屈することはない」という認識を表明したにすぎません。「ロシアを勝たせなければいけない」という意志を表明したわけではありません。政治家が自らの認識を表明して処分されるなど、あってはならないことです。発言内容が問題ならば、馬場さんの「共産党は日本からなくなったらいい政党だ」という発言（二〇二三年七月二三日）のほうが、民主的選挙によって国会議員を出している政党を消滅させる意志を表明しているので、処分対象ではないのかと反駁《はんばく》できます。弁護士の同席は、民事訴訟を提起すれば「判例時報」誌に記録が残りますし、馬場さんも藤田さんも被告になるのは嫌だろうと想定しました。またプレスを呼んでおけば、馬場さんたちは「党内のことだから」と追い出すでしょうが、鈴木さんが「取材してください」と招き入れたら、プレスも味方になるから映像も変わってきます。そんな話を事前にしました。

面会の当日、鈴木さんは馬場さんと藤田さんのいる前で、わざと私に電話をかけてきました。

「自発的に離党するなら処分しないし、私が差し出した（離党の）念書も無効にすると馬場さんと藤田さんが言うのだけれど、佐藤さん、どう思うべきか」

私が言うことは決まっています。

「いや先生、これは除名処分になって裁判に訴えたほうがいいですよ。お二人には一度、被告になってもらうのがいいと思います」

鈴木さんは、このやりとりを馬場さんと藤田さんに聞かせるために、私に電話をしてきたのです。馬場さんと藤田さんはタジタジだったそうですが、それにしても一党員の処分問題で振り回されるような人たちが、金正恩やプーチンを相手に伍《ご》せるのかと私は心配になりました。

共産党の限界——山口

維新の会はつまるところ地域政党であって、小選挙区で勝てるのは大阪だけと言っていいでしょう。イギリスのスコットランド国民党やウェールズ党（プライド・カムリ）などと似たところがあります。また、万博やＩＲという〝筋悪《すじわる》〟のトピックに飛びついてしまうのは、政策的な能力の限界でしょう。いずれ「大阪」と「それ以外」とで割れるのではないでしょうか。

今、鍵を握るのは共産党と公明党だと思います。共産党は、改定を重ねながらも綱領を有し、理念・世界観を明確にする政党です。また全国組織を持ち、かつては比例代表で四〇〇万票を獲得していました。ただ、近年は漸減傾向にあります。

二〇一五年に野党共闘路線を打ち出して「共産党も変わったのかな」と思いましたが、本質的には変わっていないと感じます。個人的に、共産党が体制内政党になる可能性が開けてきたかと期待しました。しかし、民主集中制（民主主義的中央集権主義。党員が上部の決定に無条件で従うこと）を絶対に捨てない。二〇二三年の除名問題に接し、そう思いました。

除名問題とは、党員の松竹伸幸《まつたけのぶゆき》さんが著書『シン・日本共産党宣言――ヒラ党員が党首公選を求め立候補する理由』（文春新書）で、日本共産党の党首公選を求めたことに対し、分派活動だとして松竹さんを除名処分にした件です。その後、松竹さんは除名処分を不服として東京地裁に提訴しました（二〇二四年三月七日）。

それから、共産党は政治学者の中北浩爾《なかきたこうじ》さん（中央大学教授）の著書『日本共産党――「革命」を夢見た１００年』（中公新書）について、しんぶん赤旗でデカデカと批判を展開しました。該当部分を引用します。

〝日米安保条約容認の党になれ〟〝民主集中制を放棄せよ〟――つまるところこれが、中北氏が現在わが党に対して行っている主張である。（中略）それでは、わが党が日米安保条約廃棄の立場をとることのどこが問題なのか、民主集中制を組織原則とすることのどこが問題なのかについて、中北氏が政治学者として事実にもとづく批判をしているかといえば、そのような批判はどこにもみられない。

（「しんぶん赤旗」電子版二〇二四年二月二二日）

率直に言ってレベルが低い言論です。共産党の持つ組織性は、自民党に対抗する勢力を構築するうえで非常に魅力的ではありますが、限界を感じざるを得ません。

岸田さんが首相になって衆議院を解散した二〇二一年の衆院選（第四九回衆議院議員総選挙。一〇月三一日投開票）でも、共産党は「野党共闘で政権交代を始めよう」と、立憲民主党を支援するなど、大々的に野党共闘路線を採りました。しかし、勝ち切れませんでした。五野党（立憲民主党、国民民主党、共産党、れいわ新選組、社民党）は二八九の小選挙区のうち二一七選挙区で候補者を一本化したものの、勝ったのは三割未満（自民一八九、公明五、五野党六五）です。最後は自民党の巻き返しに遭《あ》いました。

共産党『八〇年』と『一〇〇年』の違い――佐藤

松竹伸幸さんとは対談をしたことがあります。松竹さんは、私と会うのはハードルが高くて大変だと言っていました。私と会うと、共産党の関係者が「完全に〝向こう側〟に行った」と見なすそうです。〝向こう側〟とは、単に共産党から脱落した側という意味ではなく、警備公安警察や公安調査庁のように積極的に共産党を攻撃する側のことです。つまり私に会うことは一線を越えてしまう。松竹さんのお知り合いは、私との対談に消極的だったそうです。

共産党の党史『日本共産党の百年――1922〜2022』（以下、『百年』）が、二〇二三年一〇月に出版されました。その前は、二〇〇三年一月に刊行された『日本共産党の八十年――1922〜2002』（以下、『八十年』）です。この二冊は、版元（出版社）が異なります。『八十年』は日本共産党中央委員会出版局、『百年』は新日本出版社です。おそらく、『百年』はより幅広い流通、すなわち多くの読者を獲得しようとしたと思われます。

二冊を読み比べると、『百年』は共産党が革命政党であることや民主集中制を譲らないことを強調しており、『八十年』よりも内容的に固《かた》くなっています。ちなみに、私は『百年』に先んじて、『日本共産党の１００年』（朝日新聞出版）を上梓しています（二〇二二年七月）。

『百年』は、読めば読むほど怖くなります。たとえば共産党が非合法だった戦前、「党を防衛する必要から、共同で生活することになった働き手の間で、恋愛や結婚ということも起こりました。その一部にはモラルに反する問題もありました」と記されています。これは、警察や世間の目を欺《あざむ》くため、「普通の夫婦のような形をとって家を借りてくらす」、つまり、女性が好きでもない男性党員と強制的に生活させられたことを指しています。

同書では、「さまざまな時代的制約を避けられなかったことは事実です。しかし、『女性を踏み台にした非人間的な党』という論難は事実に全く反する」などと説明しています。

私からすれば、「釈明」しないほうが共産党にとって得策と思えるような記述が各所にあるのですが、事実は事実として認定しているので、ある意味では正直だと思いました。

公明党議員の自民党化──佐藤

山口さんが、共産党と同時に「鍵を握る」と言われた公明党について述べてみます。よく「公明党は絶対に自民党と別れることはできない」と言う人たちがいますが、こういう人たちは公明党を全然わかっていません。公明党のポイントは、常に与党であることです。

　自民党と連立を組む一九九九年まで、つまり野党だった時代はきれいごとを言っていたものの、現実の福祉も現実の平和も実現できませんでした。ところが連立与党となって二五年、自民党政治の暴走を抑え、たとえば安保法制などで平和を強化したという自負が公明党にはあります。

　また新型コロナウイルス感染症で、COVAX《コバックス》（ワクチンを世界的に供給する枠組み）への参加を政府に促したのも公明党です。その結果、日本は世界で最初のワクチン購入資金拠出国になりました。給付金を一律一〇万円にすることで、社会の分断も生まなかった。

こうしたことで公明党は自信を持っているのです。だから、もし野党による政権交代の可能性が現実に出てきたら、公明党は連立与党を選択します。いつまでも自民党とはつきあわない。この点を、多くの人は見落としています。

公明党の〝根っこ〟は創価学会、すなわち世界宗教です。世界宗教であるキリスト教は、母体であったユダヤ教と決別し、使徒パウロが世界宣教《せかいせんきょう》をします。創価学会の場合、宗門《しゅうもん》である日蓮正宗《にちれんしょうしゅう》と決別して世界広宣流布《せかいこうせんるふ》（宣教）をしました。創価学会におけるSGI（創価学会インタナショナル）がこの機能を担っています。

仏教には「仏法西還《ぶっぽうせいかん》」という概念があります。簡単に言うと、東の端《はし》の日本にまで来た仏法が西の中国、天竺《てんじく》（インド）に帰っていくことです。ですから、SGIの活動目標のひとつは中国宣教なのです。中国が宗教を解禁し、SGIが進出すれば、創価学会員の世帯数は今の八二七万から、あっという間に一〇〇〇万を超えます。ということは、日中戦争はできないということです。戦争が起きればSGIの世界広宣流布が遅れるからです。この創価学会・公明党の論理を理解することが重要だと思います。

日本は世界広宣流布の根拠地であり、その価値観を共有する政党が公明党です。ただ公明党幹部は、自民党と四半世紀も連立政権を組むことで、公明党の所属議員が内面から〝自民党化〟しているのではないか、と心配しています。

自民党の政治家が高級なレストランやバーで飲食するのを、公明党の人たちは別世界のことのように理解できません。二〇二一年二月、緊急事態宣言中に銀座のクラブで遊んでいた公明党の遠山清彦《とおやまきよひこ》さん（衆議院議員。比例九州）が議員辞職しました（のちに除名処分）。

あの時、公明党・創価学会の人たちは怒り心頭に発していましたが、その後、遠山さんはコロナ対策の融資金を違法に仲介したとして執行猶予つきの有罪判決を受けています（二〇二二年三月二九日）。しかも、仲介の謝礼に受け取った約一〇〇〇万円を銀座のクラブで使っていたことも判明。〝自民党化〟で、心のありように問題が生じているのではないかと公明党は危惧《きぐ》しています。

都政に関心のない都知事!?――山口

公明党議員の自民党化とは、興味深い見解ですね。確かに、戦後の日本政治を瞥見《べっけん》すると、自民党と組んだ政党は〝養分〟を吸われたかのように力を失っています。新自由クラブしかり、新党さきがけしかり、社会党しかり……。

ただ、公明党は遠山さんの例はあるにせよ、理念がしっかりしていますから、佐藤さんが「（遠山さんに公明党が）怒り心頭に発している」と言われたように、どこかで一線は守ると思います。また本章冒頭で佐藤さんが指摘されたとおり、「防衛装備移転三原則」の改定に際し、岸田政権に歯止めをかけました。

自民党からすれば、公明党への不満が溜《た》まっているかもしれません。ところが選挙を考えたら、自民党のほうから公明党を切るという選択肢は今のところはないでしょう。

先に佐藤さんが、維新の会と公明党との対決姿勢を述べられましたね。その前段にあるのは二〇二三年の大阪市議会議員選挙です（四月九日投開票）。この選挙で大阪維新の会（維新の会の大阪府総支部）は過半数（四六議席）を獲得するや、以後の公明党との選挙協力関係を解消します。維新の会の馬場さんは「今、公明党さんに何かの協力をお願いする状況下にはない」とまで言い放ちました。これでは、公明党は〝使い捨て〟です。

大阪で起きていることが、今後の自公政権のひとつの雛形《ひながた》になるかもしれません。次期衆院選は、その試金石でしょう。

続けて、都民ファーストの会について述べたいと思います。こちらも、無視できない存在です。

二〇二四年七月七日、小池百合子さんが石丸伸二さん（前・安芸高田《あきたかた》市長）、蓮舫《れんほう》さん（前・参議院議員）らを抑えて、東京都知事三選を果たしました。小池さんは、まだまだ首相になる野望を捨てていませんし、東京都の自治体選挙――八王子《はちおうじ》市の市長選挙（二〇二四年一月二一日投開票）や江東《こうとう》区長選挙（二〇二三年一二月一〇日投開票）を見ても、小池さんの動員力は侮《あなど》れないものがあります。都庁の官僚を送り込み、自民党とも組んで野党系に大差をつけて勝っています。しかも小池さんは、もう都政には関心がありません。小池さんが描くシナリオは二通りだと思います。

ひとつは自民党が落ちぶれた時に、〝救世主〟として自民党入りして総理総裁を目指す。もうひとつは、新党を立ち上げて自民党の一部を吸収し、なおかつ維新の会と連携する。いずれにしても、その時の自民党の状況と選挙のタイミング次第で判断するでしょう。

自民党重鎮から見た小池百合子――佐藤

「小池百合子は国政復帰をあきらめていない」と私に強く言う人がいます。他ならぬ元首相・森喜朗さんです。

鈴木宗男さんは「佐藤さんね、森さんに会ったら、必ず一回は小池さんの話をしたほうがいいぞ」と言います。その心は、「小池百合子さんの話が、森さんの元気の源《みなもと》になる」からとのことでした。確かにそうでした。森さんにお会いして私が小池さんについて話すと、森さんは急に凜《りん》として、こう言うのです。

「何？　小池がそんなことを言っているのか」

さらに続けて、

「俺も、もうすこしがんばらないとな」

森さんは小池さんの名前を聞いたとたん、スイッチが入ったようにピシッとして、「そう簡単に俺は死ねないぞ」と、本当に元気になります。権力闘争を勝ち抜いた政治家が持つ猛禽類《もうきんるい》としての一面です。昨今の自民党の政治家には、とんと見かけなくなりましたが。

小池新党の可能性——山口

二〇二二年の衆議院の定数是正（一〇増一〇減）によって、東京都では衆議院の選挙区も二五から三〇に増えました（二〇二二年一二月）。

小池さんが希望の党での失敗を踏まえて国政に出る場合、周到な戦略を練ると思います。ひとつは、日本保守党や参政党など右派ポピュリズム政党を巻き込んだ再編。もうひとつは、自民党が崩れた時の受け皿としての新党です。小池さんにとって、最後のチャンスかもしれません。

小池都政の支持基盤は連合東京ですから、その意味では民間労組の勢力が支援に回るでしょうし、旧民主党系の保守層も取り込むと思います。また、いよいよ目ぼしい人がいなくなった自民党が小池さんを迎え入れて生き残る絵図を描く人が現れる可能性もあります。好き嫌いは別にして、小池さんにはまだポテンシャルがありますから。

いずれにしても自民党の変質は否めないので、私はここであえて「非自民政権のシナリオ」という思考実験をしてみたいと思います。シナリオは次の三つです。

①改革政権再構築

②右派連合
③穏健保守連合

順に見ていきましょう。①の改革政権再構築とは、かつての細川政権のイメージで想定しました。立憲民主党と国民民主党が連合と組み、改革政権の旗を振る。これがひとつの可能性です。

ただし、それには条件があります。民主党政権で首相を務めた野田佳彦さんが出てくることです。言うなれば、民主党の再結集ですね。野田さんや岡田克也《おかだかつや》さん（立憲民主党幹事長。野田内閣で副首相など）が実務をハンドリングする。そこに、公明党と維新の会の一部、場合によっては自民党の穏健派が加わり多数派を形成——私にとっては最善のシナリオですが、可能性としては低いと言わざるを得ません。

次は②の右派連合です。これは、前述したAfD（ドイツ）や国民連合（フランス）などヨーロッパの右派ポピュリスト勢力およびアメリカのトランプ政権（共和党）のイメージです。国際環境が緊迫化し、中国・北朝鮮の脅威がリアリティを持ってくると、どうしてもナショナリズムの高揚や防衛力強化が政権の旗印になります。言わばタカ派連合ですね。日本では、まず液状化した自民党に小池さんの新党が救命ボートのように助けを出す。あるいは維新の会、日本保守党、参政党、自民党右派による新党。そこに、民間産別と国民民主党の一部が参加するネオファシズム的な政権です。

最後の③穏健保守連合とは、②右派連合の裏返しです。選挙で過半数に届かず、自民党の右派とリベラル派が分裂し、その自民党リベラル派が立憲民主党、公明党と連立を組む。一九九四年の村山政権に近いイメージです。

以上はあくまで思考実験であり、近未来の現実と断定する意図はありません。しかし、常に「非自民政権のシナリオ」を想定しておくことは重要だと思います。①から急に③になる。もしくは②が短期間で倒れる。そんなブレは十分にありえますし、国際情勢の影響をかなり受けるでしょう。

第六章
激変する国際情勢のなかで

崩れゆく世界秩序――山口

本書の締《し》めくくりとなる本章では、激変する国際情勢と日本の採るべき針路について論じ合いたいと思います。

まずアメリカは、世界最大の軍事力と経済力を持つ大国であり続けています。しかし、世界におけるヘゲモニー（覇権）は確実に低下しており、またトランプの言う「アメリカをふたたび偉大な国に」が象徴するように、アメリカは近年、ますます内向化しています。

佐藤さんは第一章で、岸田さんの国連演説（二〇二三年九月一九日）に言及し、日本はアメリカ型の「価値観外交」から脱却したと喝破《かっぱ》されました。確かに日本が世界情勢に対応していくなかで、今まで看板に掲げていた自由、民主主義、人権といった価値観を相対化し、グローバル・サウス諸国と連携していくというリアリスティックな戦略は、国家として合理的な解だと思います。

ただ、そうした外交戦略が国内に跳《は》ね返ってきた時の問題点――たとえば権威主義に陥るリスクはないのかなど、政治学的には気になるところです。図らずも「防衛装備移転三原則」の改定に現れましたが、従来、日本が国是としてきた方針をいかに継承し、どこで現実的に修正するのか。今こそ踏み込んだ議論をしなければならないはずです。

また佐藤さんは、やはり第一章で「世界の再帝国主義化」に言及されました。私も非常に腑《ふ》に落ちる指摘です。

国際社会は、ウッドロー・ウィルソン（第二八代アメリカ大統領。第一次世界大戦後、国際連盟創設を提唱した）以来、自由、民主主義、人権を普遍的な規範として追求することを建前に、その後一〇〇年の世界秩序を構築してきました。第二次世界大戦も「民主主義がファシズムを倒した戦いである」というストーリーで説明し、その枠のなかで先進国が生きてきたわけです。

ところが今、そんな枠組みが崩れ、カオスがもたらされつつあります。現に、世界は戦争の時代を迎えました。世界規模のカオスは、国内政治に大きな衝撃を与えます。

私が立憲民主党を中心に野党の政治家と話していて感じるのは、戦争の時代と世界の再帝国主義化が進むなか、国家が理性を前面に押し出すような議論が、今の時代になじみにくいということです。そもそも、戦時下の有事体制では行政権が優位に立ち、究極的にはファシズムに行き着きます。であればこそ、民主的な統制をどうすべきか真剣に議論しなければならないのに、それが難しい。
世界がウィルソン以前の帝国主義時代に回帰していくとしたら、日本はどう向き合えばいいのか。きわめて重い課題です。

日本外交の退却戦――佐藤

トランプが大統領に復帰したら、アメリカは中東、ヨーロッパから引き、国際政治の勢力均衡論上、空白が生じて「線の引き直し」が始まると先述しました（第一章）。その場合、主要なプレイヤーは日本、アメリカ、ロシア、中国、韓国、北朝鮮、台湾です。

過去二〇年、日本もアメリカも経済成長していますが、その成長比率は日本の場合、ごく小さい。他の国々、特に中国は、日本とアメリカを圧倒的に凌駕《りょうが》する勢いで国力を増強しています。すると、そこで線の引き直しが起き、日本にとって不利な状況で引かざるを得なくなります。すなわち日本の退却戦です。

実は、すでにそれは始まっています。たとえば二〇一八年一一月一四日、安倍首相（当時）はプーチンとの首脳会談で、一九五六年の日ソ共同宣言（平和条約締結後に歯舞群島と色丹島を日本へ引き渡す）を平和条約交渉の基礎とすることで合意しました（シンガポール合意）。それまでの四島返還の方針から二島返還に切り替えた。これは日本の退却戦です。
また、尹錫悦《ユンソンニョル》政権になった韓国とは関係が改善し、日本は竹島《たけしま》（島根県隠岐《おき》郡）問題を言わなくなりました。

次の退却戦も見えています。尖閣《せんかく》諸島（沖縄県石垣《いしがき》市）です。日本政府は公式に「尖閣諸島をめぐって解決しなければならない領有権の問題はそもそも存在しません」（外務省ホームページ）としていますが、その立場を後退させ、もはや中国との係争問題と認めざるを得ない。なぜなら尖閣沖の日本の領海内に、いつでも任意に中国海警局の船舶が入ってこられるからです。これは国際法上の常識に照らすと、実効支配できているとは言えない状況なのです。したがって、尖閣は係争問題と認め、日本は退却戦を始めることになります。

この退却戦は、外交的な駆け引きでは非常に難しい戦いですが、虚勢を張っていると、うしろを向いて敗走するしかなくなります。だから相手と正面向きでスクラムを組みつつ、じりじりと引いていく。それができるかどうかが、日本外交の今後の課題です。

家産制国家（第三章で詳述）の日本において、現実に退却戦を担うのは外交を担当する「家来」たちですが、日本は貪欲《どんよく》で狡猾《こうかつ》な外交を展開しています。

たとえば「日・ウクライナ復興支援会議」（二〇二四年二月一九日）において、日本政府は地雷撤去機など七分野で一五八億円の無償資金を供与すると表明。それまでも人道・財政支援に約一兆円、NATOを通じた装備品の支援に約四五億円と、ウクライナと歩調を合わせる支援を行なってきました。

これらの支援が多いか少ないか、私はいつも日本の高速道路一㎞分の建設費である約五〇億円を分母に置いて分析します。すると復興支援会議で掲げた一五八億円は、家計の感覚では膨大な金額ですが、高速道路三㎞程度です。装備品支援の四五億円は九〇〇mほどです。日本の国力からすればきわめて小さいのです。

国家には「価値の体系」「力の体系」「利益の体系」の三体系があるとされます。日本の場合、「価値の体系」には日米同盟があり、日本はG7諸国とともにロシアを厳しく非難しています。しかし「力の体系」では、前述したように高速道路三㎞（復興支援）、九〇〇m（装備品）の支援にしかすぎません。

いっぽう「利益の体系」、すなわち貿易を見ると、日本の対ロシア輸出額（中古車など）は三九五六億円、輸入（液化天然ガス、石油など）が一兆三六八億円（ともに二〇二三年。財務省「貿易統計」）となっており、日本は強《したた》かにロシアとビジネスをしていることがわかります。つまり、国家の三体系それぞれを別の変数と考え、国益を極大化しているのです。その意味において、私は日本の外交を「貪欲で狡猾」と評価したわけです。

ビジネスとしての武器輸出――佐藤

退却戦のなか、日本が伸ばせる部分もあります。

その鍵となるのが、東南アジア、特に首都の移転（ジャカルタからカリマンタン島のヌサンタラへ）を決めたインドネシアです。人口は現在、二億七八七〇万人ですが、二一世紀後半には五億人を超えると予測されています。この伸びを支えているのが、高い合計特殊出生率二・一八（二〇二二年）です。

インドネシア政府は二〇二三年六月、LNG（液化天然ガス）の国内供給を確保する目的で輸出を禁止する計画があると発表しました。それだけ、国内産業でLNGの需要が拡大しているのです。

先述したとおり、日本政府は「防衛装備移転三原則」の運用指針を緩《ゆる》めて、イギリス、イタリアと共同開発する次期戦闘機を第三国に輸出できるようにしました（第五章）。その狙いは、ずばりインドネシアだと私は睨んでいます。

武器輸出のビジネスモデルは、パソコンのプリンタに似ています。今、フルカラーの家庭用レーザープリンタは家電量販店で一台四万円前後ですが、この価格では買い替え需要から言っても、ビジネスとして成り立ちにくい。メーカーはプリンタ本体ではなく、トナーカートリッジの交換、つまりメンテナンスで利益を確保しているのです。

中国は格安で武器を他国に輸出し、そのメンテナンスを中国市場で行なうことで儲けています。だから日本の軍産複合体も、そのような形で、インドネシアをはじめとする東南アジアに武器を出したい。

これには移民政策も関係してくるかもしれません。少子化、人口減少の流れが止められないことを前提にすると、日本が今の経済水準を維持するには移民を入れざるを得ません。では、どこの国からか。

人口動態から見て、中国は考えられない。となると、アジアのイスラム圏――インドネシア、マレーシア、バングラデシュなどに絞《しぼ》り込まれます。移民を迎え入れて日本国内で就労機会を与える。そうした連携を深めたうえで、武器輸出のビジネス環境を築くのです。

二〇二四年二月六日、アメリカ・FOXニュースの有名司会者だったタッカー・カールソンがプーチンに単独インタビューした時、私はプーチンの言いまちがいに気づきました。プーチンは「インドネシアの人口は六億人」と言ったのです。正しい数字は前述の二億七八七〇万人なのですが、私はこのまちがいに注目しています。

おそらく事前のプーチンへのブリーフィングで、官僚が「近未来においてインドネシアの人口は六億人になり、大国化する」と伝えた。そのため、プーチンの頭に「六億人」という数字が刷り込まれたのだと推測しています。二時間におよぶインタビューでプーチンがアジアで国名を挙げたのは、インドネシアだけでした。

人口八〇〇〇万人時代――山口

人口減少と移民は、日本にとって切実な問題です。

二〇二四年六月一四日、出入国管理法改正案が参議院本会議で可決されました。これまでの「技能実習制度」を廃止して「育成就労制度」を設けるという内容です。政府は今後の五年間で、在留資格である「特定技能」の有資格者を最大八二万人受け入れる方針ですが、詳細な制度設計はこれからです。

厚生労働省の国立社会保障・人口問題研究所が、二〇七〇年の日本の人口推計値を出しています。人口は八七〇〇万人、そのうち外国人が一〇%強を占めます。本当に九〇〇〇万人近い外国人が日本に在留・永住するかは不透明ですが、人口が今の一億二五〇〇万人から八〇〇〇万人台になるのは明らかです。

だから、その対策は喫緊《きっきん》の政策的課題なのです。移民の受け入れをどのような形でルール化するのか。すなわち日本社会のメンバーシップをどう考えるか。そして人口減少のスピードをすこしでも緩める方策を講じなければなりません。

日本の安全保障を考えた場合、人口が減って地域社会を維持できなくなるのは恐ろしいことだと思います。政府は効率性だけを重視し、政策立案に携《たずさ》わる側も都会の人ばかりになってきました。すると、地域の集落に人が住み、農林水産業を営むという昔からの国の形を、自分事として理解・共感できなくなります。

すでに、人々が地域社会の生業《なりわい》を放棄する兆候が現れています。私は一九八四年から北海道大学で教鞭《きょうべん》を執《と》り、長く札幌《さっぽろ》に暮らしました。北海道では加速度的に人口が減り続け、集落が消えています。国立社会保障・人口問題研究所によれば、二〇五〇年に三八二万人まで減ることが推計されています。二〇二〇年が五二二万人でしたから、三〇年間で二七％の人口減少です。集落がなくなれば、行政も撤退します。たとえばオホーツク海の沿岸や、稚内《わっかない》から留萌《るもい》にかけての日本海沿岸では人がいなくなったため、空白地帯が生まれようとしています。これは国土防衛の観点からも、非常に危険な状態です。

さらに言うなら、「安全保障」という言葉の意味を、もうすこし広くとらえるべきだと思います。いわゆる「限界集落」をすべて維持するのは無理だとしても、公的なリソースを地域に投下しながら、人口二〇〇〇人くらいを単位に集落を守っていく。佐藤さんが言われた「沖縄県枠での自衛官採用」(第二章)のように、公務員として地域の人間を残さないといけません。それが広義での「安全保障」の知恵です。二〇年後には、その知恵を具体的に生かす必要が出てくると思います。

ローカルの力とマイルドヤンキー――佐藤

人口減少に関連して、私は「マイルドヤンキー」と呼ばれる若年層に注目しています。マーケティングアナリストの原田曜平《はらだようへい》さんが名づけ親ですが、北関東の中核都市周辺に住み、高校を卒業後すぐに結婚して子どもを三〜四人つくる。「イオンモールがあれば幸せ」と言って東京に出てくることもなく、バンで移動するような人たちです。

新自由主義的な競争原理が進行すれば、「勝ち組」と「負け組」の選別が明瞭化され、「負け組」に入れられた若者は生き残れません。所得水準から子どもをつくることもできない。そう考えると、子だくさんの「マイルドヤンキー」が人口減少に歯止めをかけているのかもしれません。

彼らは欲望の消費性向こそ強いですが、高望みはしません。従来の不良ほど攻撃性がなく、地元で仲間との絆《きずな》を大切にします。

また先輩・後輩の繋がりから、人手不足も起きません。先輩たちが仕事の場を提供するからです。彼らは自動車整備工場やラブホテルを経営したり、介護事業にも乗り出したりするなど、多角経営で独自の生態系を形成しています。そんな地方経営者を、投資家の藤《ふじ》野英人《のひでと》さんは「ヤンキーの虎」と説明します。「マイルドヤンキー」と「ヤンキーの虎」によるネットワークが、一〇〇％の就業率と人手不足解消を実現しているのです。「マイルドヤンキー」たちは、モノを仕入れるのも市場原理とは異なり、仲間内ですませる傾向にあります。さらに、彼らは市会議員など地域の政治エリートと一体化しています。

私は、こうした地方都市でたくましく生き残る人たちを見て、グローバリゼーションに抵抗しているのだなと思いました。ローカルの力は侮れません。そして、それがまた自民党の支持基盤になっているのです。

炎上した自民党青年局の宴会――山口

すこし話が飛びますが、「ローカル」で思い浮かべるのは、ネットで炎上した自民党青年局の宴会です。二〇二三年一一月一八日、和歌山市のホテルで、青年局の国会議員や若い地方議員（近畿二府四県）が乱痴気《らんちき》騒ぎをして、その動画をメディアが配信しました（「産経新聞電子版」二〇二四年三月八日）。時あたかも裏金問題で、東京地検特捜部が派閥の事務担当者に任意聴取を進めていると報道された日です。

宴会の参加者は五〇人ほどで、ベリーダンサーに口移しでチップを渡したりするなど、羽目《はめ》を外していました。この宴会は、世耕弘成さんの元秘書で和歌山県議会議員の川畑哲《かわばたてつ》哉《や》さんが企画したということです。また宴会に参加した藤原崇《ふじわらたかし》さん（青年局長。衆議院議員）と中曽根康隆《やすたか》さん（青年局長代理。衆議院議員。中曽根康弘元首相の孫）は、それぞれ党の役職を辞任しました。もしかしたら、宴会に出ていた地方議員は、佐藤さんが言われた「マイルドヤンキーと一体化した地方の政治エリート」なのかもしれませんね。

和歌山と比べ、「マイルドヤンキー」が住むという北関東は首都圏で東京に近く、経済・産業も豊かなので優位性があります。その意味で、農業の基盤や中小企業のネットワークを北関東以外で確保することが日本の課題でもあると思います。山陽地方や九州の一部など、私の知るかぎりでも候補地はありそうですが。

また、これまで、地方の国立大学は地場のエリートを再生産し続け、大きな役割を担ってきました。旧帝国大学を含め、見直されるべきと思います。

さて、ここで本章の主題のひとつである国際情勢に話題を戻します。

私はローマ・カトリック教会のフランシスコ教皇がウクライナに言及したニュースを見

て、とてもびっくりしました。教皇はスイスのメディアのインタビューで「最も強いのは国民のことを考え白旗を揚《あ》げる勇気を持って交渉する人だ」と発言したのです（二〇二四年三月九日公開）。

つまりウクライナに降伏を促した。これにウクライナ側は「われわれの旗は黄色と青だ（国旗のこと）」と猛反発。バチカン（ローマ教皇庁）の報道官も「白旗」は降伏ではなく、戦闘停止の意味だと釈明しました。佐藤さんの見解はいかがですか。

今日のウクライナは、明日の日本か――佐藤

あのインタビューは二月に収録されたものです。三月二〇日にスイスのテレビ局が放送する予定でしたが、パイロット版をバチカンがあえて九日に出したのです。ウクライナのゼレンスキー大統領やドミトロ・クレバ外務大臣は、フランシスコという名指しは避けつつも、反発しました。しかし、内心は真っ青だと思います。

なぜならば、カトリック教会は全世界にネットワークを持ち、その民衆の声を踏まえた発言だからです。また、ウクライナ西部のガリツィア地方には、見た目はギリシア正教《せいきょう》

に似ていても、組織的・教義的にはカトリックに属するユニエイト教会（帰一《きいつ》教会、東方《とうほう》典礼《てんれい》カトリック教会のひとつ）があり、ウクライナ・ナショナリズムの拠点となっています。

もうひとつ注目すべきは、カトリックの「教皇不可謬性《ふかびゅうせい》の教義」です。これは一九世紀の第一バチカン公会議で決められた比較的新しい教義なのですが、信仰と道徳に関する事柄について、教皇が教皇として発言したことは、過《あやま》ちを免《まぬか》れ得るとします。すなわち「絶対正しい」ということです。

本件は政治に関する発言ですが、生命をすこしでも多く救わなければならないという道徳に関係します。だから拘束力が高く、世界のカトリック文明圏に与える影響は強いのです。

ウクライナに関しては、岸田さんがたびたび「今日のウクライナは明日の東アジアかもしれない」と発言してきました。二〇二三年三月二六日防衛大学校の卒業式でも、同じ内容の訓示を述べています。これを、私は「今日のウクライナは明日の日本」と置き換えてみました。すなわち台湾有事で、もし日本と中国が戦争状態になったら、西側諸国はどう動くのかというシミュレーションです。

アメリカには台湾関係法があり（一九七九年制定）、台湾有事での軍事介入を規定しています。ただし議会が承認しないかぎり、武力支援はできません。アメリカ軍が自動的に関与するわけではないのです。

もし台湾海峡の武力衝突が沖縄に波及して、日中戦争になったとします。その時、アメリカは本当に日米安全保障条約に則《のっと》り、地上軍や空軍を派遣してくれるでしょうか。

残念ながら、その可能性は低いと見ています。ましてや核兵器を持つ中国と、相互に核ミサイルを撃ち合うことなどありえません。想定できるのは日本に武器だけを送り、「あとはおまえたちで戦え」です。中国の権威主義に対し、民主主義という価値観を守るためにアジア人同士を戦わせる。この図式は、ロシア・ウクライナ戦争と同じです。

アメリカは最初からウクライナを勝たせるつもりはなく、スラブ人同士の戦いでロシアを弱体化させることが戦略目的です。つまり台湾有事による日中戦争でも、日本を用いて中国の弱体化を図ります。このアメリカの姿勢を、私たちはロシア・ウクライナ戦争から学ばねばなりません。以上が「今日のウクライナは明日の日本」とした私のシミュレーションの結論です。

保守政党・自民党の淵源――山口

佐藤さんの国際情勢分析をうかがったところで、本書のテーマである自民党に話を移しましょう。第四章で自民党の歴史を追い、本質に迫りましたが、その続きを述べてみたいと思います。

やはり自民党という政治結社は根が深いと言うべきか、一九五五年の保守合同で誕生した自民党だけを見ていたのでは、本質を抉《えぐ》り出すことはできないと感じます。自民党の淵源《えんげん》は明治維新後の官僚と〝草の根保守〟にあります。

一八九〇年一一月に帝国議会（貴族院と衆議院）が開かれるまで、自由民権運動で暴れた政治家が大勢いました。それが議会開設後、既成政党のなかで、知的な部分を官僚出身者が担い、組織を束ねる荒業《あらわざ》を党人派が行なう、役割分担がなされるようになりました。

この車の両輪で、さまざまな政党が発展してきたわけですが、戦前は立憲政友会と立憲民政党による疑似的な二大政党制時代（一九二五〜一九三二年）があったものの、貴族院が衆議院に対抗し、天皇の最高諮問機関である枢密院《すうみついん》が政党と対立するなど、本来的な政党政治・議会政治が行なわれたとは言えません。

それが、戦後にようやく政党政治が確立し、左翼政党も台頭してきました。一九四五年一一月時点のおもな政党は、第四章でも挙げた日本自由党、日本進歩党、日本協同党、日本社会党、日本共産党です。

一〇年後となる一九五五年の保守合同で自民党が誕生しますが、やはり自民党の基本にあるのは、明治以来の官僚と草の根保守です。ミクロな部分では、佐藤さんが言われた「マイルドヤンキー」と結合した地方の政治エリートが基礎単位になっていたのでしょう。彼らは仲間意識と先輩・後輩の絆が強いとも指摘されましたが、そこには日本の共同体に特徴的な、親分・子分関係による利益配分システムが潜在していると思います。

自民党の草の根的な強さを考えた時、比較できる対象は何かと探してみたら、私は公民権法制定（一九六四年）以前のアメリカの民主党に思い至りました。今の民主党はリベラル色が強く、東海岸の都市部などを支持基盤としていますが、かつては南部・西部の自営農民（農場主）たちの支持によって誕生した土着的な保守政党でした。公式に「民主党」を名乗るのは一八三二年です。第七代大統領のアンドリュー・ジャクソン（一八二九〜一八三七年在任）は、民主党が輩出した最初の大統領です。

民主党を支持する農場主は頑迷《がんめい》なキリスト教徒で、奴隷制度の維持を主張するなど人種や女性に対する偏見を普通に持っていました。そうした地域の保守層が抱く偏見や欲望を束ねる民主党には、盤石の強さがあったのです。南北戦争（一八六一〜一八六五年）で南部が敗れ、一度は解党の危機に瀕《ひん》しますが、南部諸州の合衆国への復帰（一八六六〜一八七〇年）にともない、党勢を取り戻していきます。

対する共和党は、奴隷制度に反対する人たちが一八五四年に結成。今とは違う都市型エリートの政党でした。南北戦争当時の大統領（第一六代）で奴隷解放宣言（一八六三年）を行なったエイブラハム・リンカーンは共和党です。一九世紀〜二〇世紀前半は、南部・保守・民主党 vs. 北部・リベラル・共和党の対立が続いたのです。

アメリカの政治史を述べると長くなるので、自民党との比較対象として概略に留《とど》めますが、奴隷解放宣言によって奴隷制度は表向き廃止されたとはいえ、前述の公民権法で人種隔離政策の撤廃、選挙権の保障、教育と雇用の平等などが立法化されるまで、人種差別は根強く残りました。公民権法は、それに取り組んだジョン・F・ケネディ（第三五代大統領）が暗殺された（一九六三年一一月二二日）翌年に成立します。これで、民主党と共和党の立場・考え方は完全に逆転しました。

私は草の根保守という文脈において、かつてのアメリカ民主党と自民党の相似を見る思いがするのです。

イタリアの政党との類似——山口

自民党に通じる外国の政党がもうひとつあります。イタリアのキリスト教民主党です。

自民党は一九五五年結党以来、反共政党として東西冷戦下、三八年間にわたり政権与党の座にあって権力を握りました。そして冷戦が終結した一九八九年から一九九〇年代前半に最大の危機を迎えます。この経緯がキリスト教民主党とよく似ているのです。

同党は一九四二年に結成され、半世紀近くイタリアの与党でした。ところが一九九二年に首相経験者も巻き込んだ大規模な汚職事件を引き起こし、結果的に雲散霧消《うんさんむしょう》します。

イタリア国民は政治改革を叫び、選挙制度を変える国民投票が一九九三年四月に行なわれて、小選挙区制導入を柱とする新制度が可決。翌年三月の総選挙で誕生したのが右派連合のシルヴィオ・ベルルスコーニ政権（第一次）です。ベルルスコーニはメディア戦略を駆使したポピュリスト的な政治家です。

キリスト教民主党とのアナロジーで自民党を見ると、一九九〇年代初期に政治とカネの問題でピンチに陥ったという共通点があります。しかしキリスト教民主党が分派・解散を余儀なくされたのに対し、自民党は生き延びました。そこには、両国における共産党のあり方が大きく作用したと思います。

イタリア共産党は冷戦終結後の情勢変化に対応し、変身しました。一九九一年に民主集中制と決別し、党名も左翼民主党に改称（のちに「左翼民主主義者」に変更）。一九九六年には中道左派連合（オリーブの木）を組んで政権を獲得します。

日本の共産党は、冷戦終結・旧ソ連崩壊後も自主独立路線でした。「ソ連がなくなっても俺たちは平気だもんね」といった具合で、一九九〇年代前半の政界・政党再編の流れに加わらなかった。日本はイタリアほど再編のスケールが大きくなかったのです。これは自民党にとって、まことに幸運だったと言えるでしょう。

自民党は危機を乗り越え、とりわけ社会党とまで手を組んで政権に戻ってきました（自社さ連立政権）。そんな政治的判断をする政党は政策や理念を超え、権力党であり続けることが究極の拠《よ》りどころなのかもしれません。

もしもイタリアのキリスト教民主党のように、自民党が雲散霧消したら、ベルルスコーニのようなポピュリストの率いる勢力が、自民党政権にとって代わる可能性もまた排除できないと思います。橋下徹さんが登場し、維新の会代表になった時（二〇一二年）は、私もそんなことを考えましたが、彼は二〇一五年に政界から離れました。

佐藤さんは自民党が雲散霧消、すなわち消滅すると思いますか？

自民党は消滅するか――佐藤

権力党としての「自由民主党」という名称は存続するでしょう。しかし、結党以来の自己同一性が保持されるかどうかは疑問です。今でも相当、崩れていますから。

自民党が消滅するかは別として、政権交代の現実的なシナリオは、ありえると思います。その時、鍵を握るのは維新の会です。維新の会が大阪と兵庫で公明党を追い込み、〝取り引き〟をします。たとえば次のように――。

「公明さん、立候補は比例だけにしませんか。創価学会の負担も軽減されますよ。みなさんは支持母体である創価学会を守るために政治活動をしているのでしょう。創価学会はもう十分にエスタブリッシュされているではないですか。もう自公連立から離れ、比例で何議席かを持てばいいでしょう」

このような方向で、公明党を小選挙区から引かせるのです。

前原誠司さんは、これに近いことを考えていると思います。前章で述べたように、前原さんは新党「教育無償化を実現する会」を立ち上げ、衆議院・参議院で維新の会と統一会派を組みました。彼の本意は維新の会、立憲民主党、国民民主党による野党連合にあると私は推察しました。このシナリオを前原さんが想定しているとすれば、政権交代は起こりうると私は考えます。

前章の冒頭で、公明党の山口代表と石井幹事長が岸田さんに「退場勧告」を突きつけたと見方が一致しましたね。口ぶりからも自民党との対決姿勢が如実に伝わってきました。芝居ではありません。自民党側からすれば、連立を組む公明党は、もはや獅子身中《ししんちゆう》の虫なのです。

私が維新の会の人間なら、これはチャンスだと認識します。公明党を怒らせた勢いに乗じて、自公の分断を図るのです。

しかも、公明党が設置（二〇二四年三月七日）した「政治資金規正法改正プロジェクトチーム」の若手が「自分は自民党（の改正案）に賛成だ。今の党の指導部は世代が違う」などとメディアで放言しました。

これは、公明党のベテランには〝矢野絢也《やのじゅんや》化〟に見えるでしょう。矢野さんは第四代の公明党委員長です。彼は党派を超えて多くのパイプをつくり、なかでも竹下登さんとの仲は有名です。また銀行や証券会社をはじめ民間企業とも交流し〝政界仕掛人〟の名を恣《ほしいまま》にしました。そのうち増上慢《ぞうじょうまん》に陥ったのか、明電工事件（一九八八年に発覚した脱税事件）で株の売買にかかわったとの疑惑が新聞・雑誌で浮上し（本人は否定）、委員長を辞任。一九九三年に政界から引退すると政治評論家に転身し、創価学会・公明党を批判する〝反逆者〟になりました。

自民党とつきあううちに文化が自民党に近づいてしまい、逆に公明党の原点から離れていったのでしょう。それが前述した〝矢野絢也化〟の謂《いい》です。だから今、自民党と歩調を合わせるような若手に対しては「信心がしっかりしていないのではないか」と危惧している公明党員や創価学会員がいます。自民党だけでなく、公明党も岐路に立たされているのです。

とはいえ、公明党のポイントは前章で述べたように、与党であり続けることです。それは中央政府にかぎらず、東京や大阪などローカル・ガバメントでも変わりません。何が起きようとも、重層的な形で権力に留まろうとするでしょう。

自民党の未来は、日本人の未来――山口

現在の選挙制度下では、なかなか大きな政党再編は起こりにくいでしょう。しかし世界の分断が可視化され、人々が行き詰まって不満を溜めるような危機的な状況が出てくると、それは政治にも反映されるでしょうから、私は自民党が未来永劫《みらいえいごう》、安泰だとは考えません。

確かに、自民党は細川連立政権と民主党政権の誕生により二度、下野しました。それでも、権力欲とそれにともなう権力闘争を勝ち抜いて与党に復帰し、ここまで生き永らえてきました。しかし、それが今後も続く保証はありません。

安倍さんは歴代最長の政権を築いたとはいえ、彼が手がけた国内政策、特に経済政策は単なる先送り・時間稼ぎです。しかも日銀に大量の国債を引き受けさせて市場にマネーを供給し、ＧＰＩＦ（年金積立金管理運用独立行政法人）による運用で株価を上昇させました。為替相場では円安誘導で輸出企業を儲けさせる――非常に歪《いびつ》な経済構造を、さらに拡大してしまったと言えます。したがって、今は日本の持続可能性が危うい状況なのです。

それこそ、自民党が持続可能なのかが問われています。ただ、これも政党同士の相対的な力関係に負うところが大きいですから、公明党および野党の動き方次第です。民主党政権が二〇一二年に退陣したあと、「もう一度政権与党に戻るのだ」と歯を食いしばり、まとまっていれば、今の低支持率に喘《あえ》ぐ自民党に対して政権交代の空気が生まれてもおかしくはないのですが、それがないのは悲しいですね。

自民党の未来は、日本人の未来でもあるわけです。私は今、教えている学生たちを見ていて期待と希望を感じることがあります。今の大学三～四年生は、高校生の時にコロナ禍を経験し、大学入試制度改革の混乱をくぐって学生になりました。さまざまな意味で世の中との繋がりを意識し、大人のすることを厳しく見ています。

彼ら・彼女らは考え方がしっかりしていますし、文章もきちんと書けます。そういう若者たちが日本社会の担い手になってくれれば、それほどひどいことにはならないだろうという期待が私にはあります。

他方、投票率が下がりつつあり、国政選挙でさえ五〇％前後（全世代で五五・九三％。二〇二一年の第四九回衆議院議員総選挙）、若年層では三〇〜四〇％台です。すなわち自分が生きる社会のデザインにかかわっていこうとする意欲が低下しています。自民党は、そんな半数の人が投票所に足を運ばない状況を利用して権力を維持していると見ることもできます。

そこでもう一度、日本国民が、自分たちの手で何かをつくり出す意欲を持てるかどうか。率直に申せば、不安と期待・希望が交錯しています。自民党に絶望しても、政治に絶望することはないと信じます。

おわりに――二〇二四年は大きな転換点

山口二郎

二〇二四年春、自民党の裏金疑惑に対する人々の怒りが高まり、この問題への対応を誤れば、自民党は大きな危機に陥るかもしれないという予想はあった。しかし、私から見れば、安倍晋三政権時代にもっと悪質な腐敗はあったわけで、この程度のみみっちいスキャンダルで自民党の屋台骨が揺らぐことはないだろうと、自民党を批判する立場の学者にもかかわらず、高《たか》を括っていた。ところが、その後の岸田文雄政権の苦境は想像以上であった。

何よりも、対談時には予想していなかったが、日本の自由民主党の危機を語ることは世界全体における自由民主主義の危機を考えることにつながること、また二〇二四年が第二次世界大戦後の先進国で自明の前提と考えられてきた自由民主主義という政治体制の根本的な動揺が始まる転機となることを、あらためて今、痛感している。

二〇二四年夏、イギリスとフランスでは議会が解散され、予期せざるタイミングで選挙が行なわれた。

イギリスでは七月四日に総選挙が行なわれ、ＥＵ離脱以来の政治経済の混乱のなか、保守党が統治能力を失ったことの反映で、労働党が一四年ぶりに政権交代を実現した。しかし、この結果は伝統的な二大政党制が機能したものとは言えない。労働党の得票率はわずか三四％で、敗北した前回選挙からの微増にすぎない。より徹底した移民排斥と反ＥＵを唱える改革党（Reform UK）が得票率を増やし、保守党支持層を掘り崩したことが労働党勝利をもたらした。労働党のキア・スターマー首相にとって、経済的苦境のなかで持論である公共サービスの立て直しを実現することは容易ではない。

フランスでは二回投票制が採用されており、六月三〇日と七月七日に国民議会の選挙が行なわれた。一回目投票で極右の国民連合が第一位となり、二回目の投票で左派連合とエマニュエル・マクロン大統領与党の中道派が事実上の候補者調整を行なって、最終的な結果は左派、中道、極右の順位となった。しかし、左派と中道は極右の台頭を止めるという以外に共通項はなく、今後の多数派形成は難航することが予想される。

日本では、七月七日に東京都知事選挙が行なわれた。小池百合子知事が難なく三選を決めたことには、驚きはない。選挙の前にはほとんど無名であった石丸伸二氏が一六五万票を獲得して、第二位になったことは政界に衝撃を与えた。

石丸氏は市長時代に市議会と対決し、議員を攻撃する議会答弁の動画が注目されていた。しかし、市長選挙の際の選挙ポスター代金の未払いや市議会議員に対する名誉毀損で民事訴訟を起こされ、いずれも敗訴していることに示されるように、およそ社会的常識を持った人物とは思えない。市議会議員に対する攻撃もほとんどサディスティックであり、論理的な批判ではない。彼は、奇矯な発言を好むネット民の寵児である。

とはいえ、石丸氏が大量に得票したことの意味を冷静に分析する必要がある。私自身も大学や大学院の若い人々に、「石丸推し」の気分について、意見を聞いてみた。彼らの共通した指摘は——十代から四十代の人々は閉塞感が強く、既成の政治家が「苦労している人々に寄り添う」と言ってもリアリティを感じない。そのため、もっとも具体的で戦闘的な破壊のメッセージを伝える候補者に支持が集まった——だった。政治の力で社会を改善できるという楽観のもと、候補者の政策を比較検討したうえで投票行動を取るという、従来の民主主義のモデルが崩壊しつつあることを感じる。

そして七月一三日、アメリカ・ペンシルベニア州で、トランプ前大統領暗殺未遂事件が起きた。アメリカ政治の分断をいっそう深めることが憂慮される。

本書のなかで、私と佐藤氏は、自由と民主主義が敵と味方を識別する単純なスローガンに堕《だ》した状況を批判し、政治的熟慮の必要性を説いた。しかしそれは、自由と民主主義という価値そのものに対する冷笑ではない。今後もそれらを守るために、政治が陥っている隘路《あいろ》を直視し、現状を改善するための狭い道筋を冷静に見つけることが必要である。そうでなければ、世界は第二次世界大戦以前に逆戻りするかもしれない。

このタイミングで佐藤氏と本を作ることができ、大変うれしく思う。刊行にあたってご苦労いただいた祥伝社の飯島英雄さんとライターの岡部康彦さんに心からお礼を申し上げたい。

二〇二四年七月

佐藤 優　さとう・まさる

作家、元外務省主任分析官。1960年生まれ、同志社大学大学院神学研究科修了後、外務省入省。在ロシア日本国大使館書記官、国際情報局主任分析官などを経て作家活動に入る。著書に『国家の罠』(毎日出版文化賞特別賞)、『自壊する帝国』(新潮ドキュメント賞、大宅壮一ノンフィクション賞)など。

山口二郎　やまぐち・じろう

法政大学法学部教授。1958年生まれ、東京大学法学部卒業。同大学法学部助手、北海道大学法学部教授、オックスフォード大学セントアントニーズ・カレッジ客員研究員などを経て現職。専門は行政学、現代日本政治論。著書に『民主主義へのオデッセイ』、『日本はどこで道を誤ったのか』など。

自民党《じみんとう》の変質《へんしつ》

佐藤《さとう》 優《まさる》　山口《やまぐち》二郎《じろう》

2024年 9 月10日　初版第 1 刷発行

発行者……………辻 浩明
発行所……………祥伝社《しょうでんしゃ》
〒101-8701　東京都千代田区神田神保町3-3
電話　03(3265)2081(販売部)
電話　03(3265)2310(編集部)
電話　03(3265)3622(業務部)
ホームページ　www.shodensha.co.jp

装丁者……………盛川和洋
印刷所……………萩原印刷
製本所……………ナショナル製本

Printed in Japan　ISBN978-4-396-11703-0　C0231